I0769199

MANUEL MOLINA VIGIL*JULIO FORTÍN*FÉLIX TEJADA*JOSÉ A. DOMÍNGUEZ*JESÚS TORRES*J.R. MOLINA*JORGE FEDERICO TRAVIESO*SALGADO RUBÍ

OCHO POETAS HONDUREÑOS ATORMENTADOS

ERANDIQUE

COLECCIÓN

OCHO POETAS HONDUREÑOS ATORMENTADOS
MANUEL MOLINA VIGIL. JULIO FORTÍN. FÉLIX TEJADA.
JOSÉ ANTONIO DOMÍNGUEZ. JESÚS TORRES. J.R. MOLINA.
JORGE FEDERICO TRAVIESO. RAÚL SALGADO RUBÍ

©Colección Erandique
Supervisión Editorial: Óscar Flores López
Diseño de portada: Andrea Rodríguez
Administración: Tesla Rodas—Jessica Cordero
Director Ejecutivo: José Azcona Bocock
Primera Edición
Tegucigalpa, Honduras—Septiembre 2025

CONTENIDO

TORMENTO Y GENIALIDAD

Los ocho poetas que integran esta antología estuvieron marcados por un final trágico. Como ocurre con algunas almas tocadas por la genialidad o la excentricidad, es imposible penetrar en su psiquis. Solo se les puede conocer a través de su obra.

Es un tema escabroso, doloroso. Pero, más allá de eso, esta antología (que contiene un estudio sobre Los poetas y el suicidio en Honduras del desaparecido escritor Alfredo León Gómez)[1] nos permite acercarnos a versos que van desde el romanticismo hasta el modernismo.

Fue Manuel Molina Vijil el primero en abrir la puerta de los que acaban con su vida. Tenía apenas treinta años y el suceso sacudió a la sociedad capitalina.

"¿Quién hubiera creído, quién hubiera podido sospechar siquiera que el juguetón zenzontle del Guacerique, como le llamara yo mismo en horas felices, había de concluir su vida, tan llena de placeres y esperanzas, con el suicidio?", escribiría el poeta Adolfo Zúniga.

"Oh, poeta, oh dulce poeta, oh pálido hermano del infeliz Acuña: hiciste bien en irte en una tibia mañana de sol, porque si te quedas un momento más, tal vez hubieras visto que la Muerte, tu taciturna querida, te era infiel con otros de mis amigos, a quienes he visto dormidos en sus brazos", escribió Juan Ramón Molina.

Un día, tarde o temprano —profetizó Molina—, te iremos a buscar nosotros.

Molina moriría igualmente joven —a los treinta y tres años— en un fatal desenlace que, al día de hoy, continúa generando debate: ¿se quitó la vida ese lunes 2 de noviembre de 1908 o lo sucedido fue consecuencia de sus conductas autodestructivas, en las que se mezclaban la depresión, el alcoholismo, las drogas y un corazón atormentado?

---

[1] Revista de la Academia Hondureña de la Lengua Número 3. Edición correspondiente a septiembre-octubre-noviembre-diciembre de 1998.

"En la vecina y bulliciosa estancia
mis amigos bebiendo,
con juvenil franqueza y desenfado
harán de mi recuerdos:
—Fue un soñador.
—¡Qué lástima!
—¡Tan joven!
—¡Parece mentira esto!
—Ayer no más hablaba con nosotros
de amores y de versos."

Esa estrofa del poema Después que muera, de Juan Ramón Molina, es una prueba más de su clarividencia.

Además de Molina Vijil y de Molina, el de La pesca de sirenas, el lector podrá descubrir los versos de Julio César Fortín, Félix Tejada, José Antonio Domínguez, Jesús Torres Colindres, Raúl Salgado Rubí y Jorge Federico Travieso.

"Vida, vida —escribe Travieso—, a veces, te confieso/He deseado escaparme de tu abrazo./¡Oh, minuto de estúpida fatiga!/Anhelo tonto de cerrar los ojos/al único horizonte con que cuento./Sigue, sigue doliendo,/púnzame en el amor con mil suspiros,/hiéreme en la pobreza con mil escaparates,/destrózame el deseo en tu resta implacable de emociones,/llévame al puerto blanco desde donde contemple/compañeros más lejanos que nunca."

Versos intensos escritos por hombres que vivieron con una intensidad que, en innumerables ocasiones, se les hizo imposible de controlar.

Y en el siguiente poema (Plática ingenua con la muerte), Travieso dice:

"Déjame un poco, cuando sea tiempo./Quizá yo mismo bajaré a buscarte/al jardín que blanquea eternamente/bajo la luna…".

¿Acaso no es hermoso?

Porque ellos lograron convertir incluso a la espantosa muerte en fuente de inspiración, con un toque único.

El toque de poetas atormentados entre los cuales, sin duda, había algunos que eran geniales.

Óscar Flores López/Editor Colección Erandique

LOS POETAS Y EL SUICIDIO EN HONDURAS

Por ALFREDO LEÓN GÓMEZ

La voz castellana suicidio se deriva del latín "sui", que significa "de sí mismo", y "caedere", matar, o "suicidium", muerte. Es decir, matarse uno mismo. Las estadísticas revelan que se producen aproximadamente 1.000 suicidios diarios en el mundo, lo cual alcanza alrededor de 400.000 personas al año. La media es de 10 casos por 100.000 habitantes. El país con el número más alto es Hungría, que llega al 30 por 100.000. Por otra parte, la isla de Malta tiene un índice de suicidios de 0,9 por 100.000, es decir, no llega ni a 1 por 100.000. Esto es un índice anual.

Hay países como Dinamarca, Suecia, Japón, Alemania, Austria y Suiza que tienen altos índices de suicidio, a pesar de ser naciones ricas, prósperas, con elevados niveles de ingreso económico. Generalmente se considera que el suicidio es la consecuencia más grave y desastrosa de la depresión. La mayoría de los suicidios van precedidos de la depresión. El suicidio es muy común en los jóvenes de edad universitaria.

En los escritores, incluyendo poetas, novelistas, cuentistas y ensayistas, el suicidio ha sido relativamente frecuente, aunque no sobrepasa en porcentaje importante al resto de la población general. Sin embargo, por la naturaleza de su oficio, están ellos en la posibilidad de comunicar a través de sus obras sus sentimientos y angustias, y así dejar a la posteridad huellas de sus inquietudes, en general de tendencia depresiva.

Y es así que se mencionan infinidad de escritores que han buscado el camino hacia la eternidad por su propia mano. Mencionaremos los siguientes a guisa de ejemplo: Mariano José de Larra (Fígaro), gran escritor español; Ángel Ganivet, precursor de la generación del 98 en España; Felipe Trigo, novelista español; José María Arguedas, novelista peruano; José Asunción Silva, poeta colombiano; Rafael Uribarri, escritor español; Delmira Agustini, poetisa uruguaya; Jaime

Torres Bodet, escritor mexicano; Manuel Acuña, poeta de México; todos ellos del mundo hispano.

Podemos recordar además a Emilio Salgari, extraordinario novelista italiano; Virginia Woolf, novelista inglesa; Stefan Zweig, novelista austriaco-inglés; y tres grandes de la literatura que se suicidaron en 1938 en el Río de la Plata: Horacio Quiroga, genial cuentista uruguayo; Leopoldo Lugones, poeta modernista; y Alfonsina Storni, poeta extraordinaria, ambos de la Argentina.

LA BOHEMIA LITERARIA

Se ha considerado a la Bohemia como un fenómeno socio-literario, que se manifiesta por actitud de inadaptación social, con sentimientos de protesta de tipo romántico e individualista y que se dirigen contra el statu quo, en especial contra el capitalismo y la burguesía.

Ya Karl Marx, en su obra El 18 Brumario de Luis Bonaparte, a mediados del siglo diecinueve, se refirió a la bohemia como un grupo de "escritorzuelos", de un proletariado intelectual que era víctima de la mercantilización artística del mercado capitalista.

Derivados del movimiento romántico, constituyó "la Bohemia" un grupo de poetas, novelistas y escritores que surgieron en Francia en las últimas décadas del siglo XIX y que luego se extendieron a otros países europeos, incluyendo a España, y más tarde a la América Hispana.

Se les ha definido como un inframundo, un lumpenproletariado artístico de gente insatisfecha, que vive en forma desordenada, en promiscuidad, en la anarquía y que se oponen a todos los valores de la sociedad, como son la familia, la ley, la religión y el trabajo.

Existió en ellos gran afición al alcohol y las drogas. El ajenjo constituyó, sobre todo en Francia y España, una bebida favorita de esta gente. A pesar de que grandes poetas y escritores participaron de esta conducta, se ha descrito en ellos una tendencia a lo que se ha conocido como el decadentismo, un estilo venido a menos, que, según muchos autores, linda con la degeneración literaria. Muchos de estos escritores constituyeron lo que se conoció como la generación de "los poetas malditos".

La Bohemia se internacionalizó y, con ella, muchos de los vicios que la acompañaban. Se generalizó en España y de ahí pasó a nuestro continente. En Honduras hubo muchos escritores, poetas y novelistas que rindieron culto a "la Bohemia", llevando una vida de desorden y holgazanería, frustrando en mucho un porvenir brillante. A pesar de esto, es justo mencionar que varios de los poetas hondureños que pasaron por estos estados de conciencia lograron notable producción. El mejor ejemplo es el caso de Juan Ramón Molina, el mejor poeta modernista de la América Central, después de Rubén Darío, quien también participó de una vida bohemia.

LOS POETAS SUICIDAS DE HONDURAS

Se ha considerado la depresión como uno de los trastornos psicológicos más comunes. Hay quienes han afirmado que es tan corriente como el resfriado común. Sería, pues, según esto, un problema de salud pública. Pero sería, en realidad, un problema de enorme envergadura, pues la depresión mental puede llevar a la muerte por medio del suicidio.

Pareciera que el sino trágico se ha cebado en nuestros hombres de pensamiento, ya que varios de nuestros poetas, sobre todo en el siglo diecinueve, han encontrado la muerte a través de su propia mano.

Los poetas románticos de la última mitad del siglo pasado (siglo XIX) vivieron abrumados por un medio mezquino y mediocre, que aún persiste en nuestros tiempos. Muchos de ellos no pudieron soportar la angustia de un mundo estrecho y miserable que les cerraba los horizontes necesarios para que pudieran florecer sus anhelos, sus inquietudes y sus esperanzas. Siendo superiores a su tiempo, buscaban un ambiente de mayor nivel intelectual y espiritual. Se ha relacionado el suicidio con el romanticismo literario.

Recordemos que los poetas hondureños pueden englobarse, en líneas generales, en cuatro movimientos literarios, que no deben verse como compartimientos estancos con límites absolutos. Unos y otros se traslapan, como ocurre con el Romanticismo, que, aun en nuestros tiempos, persiste. De acuerdo con Raimundo Lazo, cubano, autoridad literaria, el romanticismo literario es un fenómeno compacto, indiviso y terminado, cronológicamente historificable.

El romanticismo es un estado de ánimo, según algunos. Según otros, es una actitud ante la vida. Hay quienes piensan que es un estado psicológico.

Se ha definido el romanticismo como una inclinación peculiar del individuo, un aspecto permanente de la psicología humana, en que la historia interviene para modificar el cambiante ambiente social.

Los grandes movimientos literarios en que podemos agrupar a nuestros poetas son: 1) el Clasicismo. 2) el Romanticismo. 3) el Modernismo. 4) los movimientos de vanguardia.

El Romanticismo se ha considerado como una manifestación cultural del liberalismo, del individualismo, como una reacción ante el clasicismo. Es la expresión del yo, del temperamento, el culto a los sentimientos, a la libertad.

Consideraremos en este ensayo los poetas hondureños que han muerto a través de la vía del suicidio.

Manuel Molina Vijil (1853-1883). El poeta romántico hondureño más importante del siglo antepasado. Médico, hizo sus estudios en la Universidad de San Carlos en Guatemala y regresó a Tegucigalpa, su ciudad natal, en 1877, donde ejerció la medicina privada con mucho éxito.

Cuando se creó la Facultad de Medicina en 1881, integró la directiva, con el Dr. Carlos Ernesto Bernhard como decano, y el Dr. Antonio Abad Ramírez Fontecha como vocal.

Se suicidó en Tegucigalpa en 1883, cuando brillaba como poeta al lado de José Joaquín Palma, el inmortal poeta cubano. Molina Vigil era hombre de la preferencia de Marco Aurelio Soto. Apenas tenía 30 años al morir.

En "Las nieblas del corazón" asoma con claridad la terrible depresión que le asediaba. Fue escrito catorce meses antes de poner fin a su existencia de un pistoletazo en el cráneo. Dice así en los versos medulares:

Y tú que al festín me invitas
Del amor, di, ¿no te asombras
De ver en mi rostro sombras,
De oír de mis labios cuitas?
¿No te hieren,
Cuando en tus oídos mueren,
Los ayes del dolor mío,
Que entre suspiros te envío?
Tú no ves mi adversidad,
No comprendes mi quebranto,
Aunque te enseñe con llanto
¡Mi muerta felicidad!

Yo soy un cisne perdido
De un mar entre densas brumas,
A quien cortaron las plumas
Y destrozaron el nido;
Y que a solas,
Juguete vil de las olas,
A divisar ya no alcanza
Las playas de la esperanza;
Y que en el postrer afán
En que sus fuerzas se agotan,
Su cuerpo débil azotan
Las alas del huracán.

¡Ya el dolor cubre de hielo
Mi enérgica juventud,
Y aparta de mi laúd
Las melodías del cielo!
No me alienta
Ni esa ilusión que presenta,
A través de sus cristales,
Florestas, grutas, raudales...
¡Que en esta desolación,
Do mueren las ansias mías,
Más densas son y más frías
Las nieblas del corazón!

Julio César Fortín (1866-1894). Nació en la ciudad de Yuscarán, la Sultana de Oriente. Estudió Derecho en Guatemala, donde destacó en el periodismo. Fundó, junto con Rubén Darío, el periódico "El Correo de la Tarde" y escribió en el "Diario de Centro América".

Hombre de extraordinario talento, se quitó la vida en la Antigua Guatemala a la edad de 28 años. Lo predijo en sus versos:

Con lágrimas te escribo los últimos lamentos
que lanza entristecido mi pobre corazón.
Son tantos mis dolores, mis grandes sufrimientos
que falta ya a mi lira la ardiente inspiración.

La depresión del poeta se transparentaba en esta estrofa:

Todo está triste, mudo y desierto.
Ya mi ventura, en amargura, en desengaño cruel se trocó;
y a mis ensueños color de rosal,
a mis quimeras, a mis visiones, mis esperanzas, mis ilusiones,
sólo me resta decir adiós.

Félix A. Tejada (1866-1896). Había nacido en Olanchito. En Guatemala estudió la carrera de abogacía. Se distinguió en el periodismo. A su regreso a Honduras ocupó cargos de importancia en el gobierno. Escribió "Contrastes" diez días antes de su muerte. Versos de acentuada depresión mental:

¿Has sentido las angustias
de los sueños de la noche,
cuando furias infernales
nos acometen feroces,
cuando el puñal homicida
en nuestros pechos se acoge?
Y salen del alma gritos
profundos, desgarradores.
Cuando Luzbel, revestido
con un iris de colores,
realizando sus conquistas,
es Atila de los hombres;
cuando flotan en el aire
de los duendes las legiones,
y con manos insolentes
nuestros párpados descorren,
y surgiendo de improviso
mundos de varios colores,
en océanos borrascosos
se arrojan las ilusiones...
Así cayó mi esperanza / en los mares de la noche.

José Antonio Domínguez (1869-1903). Nació en Juticalpa. Es una de las figuras más importantes de la literatura nacional. Abogado, político, poeta y escritor. Su carácter tímido e irresoluto, así como su temperamento depresivo, hizo que Froylán Turcios, su paisano y amigo, predijera su suicidio por envenenamiento, aunque en realidad ocurrió por un balazo. Murió por su propia mano el Viernes Santo de

1903, a los 34 años de edad. Alcanzó gran renombre por su "Himno a la Materia". En "Filigrana" asoma su depresión, que no es tan evidente como en los otros poetas:

Tú has contemplado
en mis oscuras noches de tormenta
la fúnebre visita del espectro
que mata la ilusión y la esperanza,
dejando el corazón yerto y vacío,
mientras clava su garra el desengaño,
y se amontonan nubes tempestuosas
en el cielo tranquilo del espíritu...

Jesús Torres Colindres (1870-1895). Nació en La Paz, hijo del licenciado Manuel Colindres, político importante del siglo pasado. Estudió medicina en Guatemala, carrera que dejó para dedicarse a las letras. Emigró de Honduras para El Salvador, donde se suicidó en 1895. En "Imposible" expresa su desconsuelo y su pena:

Me he asomado a los bordes del abismo
en mis noches de insomnio y de tristeza.
Las rudas tempestades de la vida
no me causan pavor y no te invoco.
¿Qué me importa la burla encarnizada
y que digan los necios que estoy loco?

En "Canto gris" la pesadumbre se apodera de su ser:

El viento triste suspira
y ya doblan las campanas.
Es la noche del olvido
que con sus sombras avanza.

Poeta adolorido, que se refugió en la muerte a los veinticinco años de edad.

Juan Ramón Molina (1875-1908). El más grande de los poetas hondureños nació en Tegucigalpa, en la calle Real de Comayagüela. Es considerado en Honduras como el máximo exponente del

Modernismo, solamente superado en Centroamérica por el genial Rubén Darío, el nicaragüense excelso que revitalizó la lengua castellana. Molina murió a la edad de 33 años, en el exilio, en San Salvador. La bipolaridad de la depresión que afectó al poeta hondureño aparece nítidamente al estudiar su producción, en la que se encuentran alternativas que van desde un pensamiento profundamente depresivo hasta otras en que se notan estados de ánimo fuertemente matizados por la euforia y el optimismo.

De las setenta y cinco poesías que aparecen en "Tierras, Mares y Cielos", en diecisiete de ellas la preocupación con la muerte es el tema dominante. En "Después que muera" el instinto fanático se ofrece con enorme claridad:

Tal vez moriré joven.
Los amigos
me vestirán de negro,
y entre dolientes y llorosos cirios
de pálidos reflejos
colocarán con cuidadosas manos
mi ya rígido cuerpo, poniendo mi cabeza en la almohada,
mis manos sobre el pecho.
En una huesa lúgubre y profunda,
en un hoyo siniestro,
colocarán, para arrojarle tierra,
el imponente féretro.
Enterrado seré...
La comitiva, «descanse en paz», diciendo,
me dejará muy solo
en brazos del misterio.
Después, cuando tú mueras, una noche
de calma y de silencio,
arrojaré con las huesosas manos
la tierra de mi féretro;
y a la luz de un doliente plenilunio,
contemplarán los muertos,
con los brazos en cruz y de rodillas,
¡orando un esqueleto!

Jorge Federico Travieso (1920-1953). Nació en San Francisco de Atlántida y falleció por suicidio en Río de Janeiro a los 33 años de edad. Su depresión aparece en "Tus manos":

De otro serán, de otro serán tus manos,
de mí solo el dolor y la agonía
de haberlas retenido entre las mías
en las horas de amor que yo te daba
y que tú solamente recibías.
Manos divinas que me dieron fuego
para cantar la gloria de lo creado,
manos amargas, espantosas manos
que me van empujando sin enfado
a morir sin remedio y sin pecado,
por no tener la fuerza de alcanzarlas
y habiendo sido lo que más he amado.

Raúl Salgado Rubí (1921-1953). Nació en La Ceiba y se suicidó frente a la estatua del general Francisco Morazán en el Parque Central de Tegucigalpa. Severa depresión lo llevó a la muerte. "Devoción":

Son tus ojos,
dos magníficos luceros,
que en las noches
de mis torvas soledades,
como tiernas luminarias,
como soles encendidos
en mis turbios horizontes,
son tus ojos el arcano
que me alumbran
en las vías ignoradas,
penumbradas
por las cruentas decepciones de la vida.
Son tus manos:
dos alas magníficas y buenas,
que en mis noches de arrebato,
cuando en pos de muerte y ansia
voy vagando,
con tus manos intranquilas

que acarician... y que saben
de las suaves promesas del destino
que, en momentos repentinos,
van dejando marfilinas,
el milagro de la vida,
los dolores de la muerte;
en sus finas languideces
y hondas preces
van rezando
tus dos manos argentinas,
impregnadas de odoríferos jazmines...

En la mayoría de los poetas hondureños que han terminado su existencia por la vía del suicidio, la depresión, el alcoholismo y una visión romántica de la vida, con matices patológicos, son elementos fundamentales de su cuadro clínico-psicológico.

Mencionaremos aquí también el caso del escritor Marcos Carías Reyes, novelista hondureño, quien se suicida en 1949 a la edad de cuarenta y cuatro años, después de desempeñarse como ministro de Educación en el gobierno del doctor Juan Manuel Gálvez. Además del cuento, que cultivó con esmero, escribió dos novelas que son fundamentales en la literatura nacional: "La heredad" (1931) y "Trópico" (1948).

Tegucigalpa, M. D. C., mayo de 1998.

MANUEL MOLINA VIJIL

MANUEL MOLINA VIJIL

Nació en Tegucigalpa el 25 de octubre de 1853. En esa ciudad se suicidó el 9 de marzo de 1883. Hijo de Pedro Vijil y Arcadia Molina. Se graduó en Medicina en 1877. Fue catedrático de la Universidad Central. Se casó con su prima, Jesús Vijil. Fue parte de la segunda generación de poetas hondureños. Tenía treinta años cuando se suicidó.

PALABRAS ANTE LA TUMBA DE MANUEL MOLINA VIJIL

Por JUAN RAMÓN MOLINA

El hombre querido de los dioses muere pronto, ¡oh Parménon! decía Menandro, celebrando la muerte precoz y dándole la alegría de una partida a un bello país, a los Campos Elíseos, poblados de rientes sombras, de fantasmas amables.

Manuel Molina Vijil era un amado de los dioses. Por eso se fue tan pronto de aquí; por eso nos abandonó para siempre jamás; por eso, en una mañana azul, en tanto que los pájaros saludaban al sol, en tanto que las fuentes se desataban en espuma, en tanto que la naturaleza cantaba un gran epitalamio, él, sentado en el tálamo nupcial, en el tálamo de sus dulces y fugaces amores, alumbrado aún por los últimos reflejos de las antorchas de Himeneo, echó mano al revólver, después de recibir el último beso de la mujer amada y se mató, se mató taladrándose las sienes, despedazándose el cerebro y cayendo graciosamente sobre el lecho, como caen los jóvenes combatientes de la Ilíada. Homero lo hubiera comparado a una flor o a una espiga segada.

Humboldt decía de Lamartine, el gran cisne blanco, que era un cometa cuya órbita no se había medido aún. Eso mismo, girando en nuestro círculo intelectual, pudiéramos decir de nuestro poeta... Apareció en nuestro obscuro cielo literario, lo vimos brillar un momento, y luego, de súbito, cuando menos se esperaba, cuando empezaba a recorrer su camino, cuando todos creíamos que brillaría por mucho tiempo en el horizonte, se hundió en las pavorosas tinieblas de la muerte, cayó en el abismo de lo incognoscible, dejando en el espacio un rastro de sangre y la atmósfera social poblada de tristes recuerdos y de presentimientos lúgubres. ¡Qué vida tan corta y qué fin tan trágico!

Bueno es el mundo, bueno, bueno, bueno, escribía irónicamente Espronceda al principio de su doloroso canto a Teresa.

Sí; bueno es el mundo, mientras el destino saltando del florido bosque de la existencia, como los tigres del jardín de Armida, no nos ha arrancado a mordiscos el corazón del pecho; bueno es el mundo, mientras no hemos echado de ver que la serpiente está enroscada al árbol paradisíaco, al árbol de la vida, al árbol del amor; bueno es el mundo, mientras nos gustan las estrellas, los pájaros y las flores; bueno es el mundo mientras el amor inunda de torrentes de luz nuestro pensamiento, de torrentes de bondad nuestro corazón, de torrentes de besos nuestros labios; bueno es el mundo, mientras no hemos respirado los negros éteres del pesimismo, ni nos hemos aislado en el yermo de la vida, ni nos hemos creído sonámbulos del sueño del destino; bueno es el mundo, mientras no hemos visto a Job en el estercolero, ni hemos comprendido a Lucrecio, ni hemos meditado en los versos de Leopardi, ni hemos leído a Schopenhauer; bueno es el mundo, bueno, bueno, bueno, mientras no nos ha sucedido todo esto.

¡Ah! Molina Vijil lo creyó así. Vióse joven, vióse bello, vióse amado, y cantó como cantan los pájaros libres de los bosques.

Cantó las opulentas cabelleras de ébano de las mujeres hermosas; cantó las frentes más puras y más blancas que el plumaje de un cisne intacto; cantó los ojos que se abren y se cierran como las alas de terciopelo de las mariposas nocturnas; cantó las mejillas más sonrosadas que las carnaciones seráficas; cantó las bocas rojas y frescas, como el interior de los caracoles marinos; cantó las gargantas finas y aristocráticas, más graciosas que el muslo de Venus; cantó los hombros de rosa que se estremecen a las suaves caricias de la luz; cantó los senos tibios y voluptuosos, que pueden ser regazo de un dios enfermo; cantó la felicidad del cariño, la virtud, y se desvaneció en un ambiente de aplausos, de enervantes perfumes, de simpatías femeniles. Por algún tiempo fue el ungido de los salones, el ídolo de las bellas, el niño mimado de la sociedad.

Después, cuando el destino lo arrojó en los brazos de una fiel y dulce esposa; cuando coronado de mirtos se sentaba al banquete de la vida; cuando deshojaba las primeras rosas en el ánfora llena del vino de bodas, la Muerte, celosa de él, enamorada de él, se acercó de puntillas y le dijo al oído: ¡Ven! Es muy temprano todavía, contestó con dulzura el poeta. Ven; mañana será tarde y te puede sorprender la noche de la vejez en la jornada: vámonos, amor mío; y empujándolo dulcemente, ganaron los dos la puerta de la alcoba nupcial, y se perdieron a lo lejos, entre las brumas del no ser, por el camino interminable del infinito.

Oh, poeta, oh dulce poeta, oh pálido hermano del infeliz Acuña: hiciste bien en irte en una tibia mañana de sol, porque si te quedas un momento más, tal vez hubieras visto que la Muerte, tu taciturna querida, te era infiel con otros de mis amigos, a quienes he visto dormidos en sus brazos.

Hiciste bien en marcharte a su palacio de mármol negro, donde hay un jardín de eternos cipreses y a donde jamás llega el murmullo de la vida. Vive allí feliz, en tanto que nosotros, sentados al festín de la vida, en el templo del Arte, vemos con tristeza que tu asiento está vacío y que la copa de vino, apenas desflorada por tus labios fríos, permanece llena hasta los bordes.

Vive allí feliz. Que la paz eterna sea contigo; que el buen Dios te mire siempre con bondadosos ojos; que tu alma, escapada de la cárcel de barro de tu cuerpo, goce de la divina calma, vuele en los círculos de la luz angélica, sea una purísima gota del océano del alma universal.

Un día, tarde o temprano, te iremos a buscar nosotros.

Entonces, en un lenguaje desconocido para los mortales, volando con invisibles alas en una atmósfera de oro, hablaremos de la Tierra, de este mundo opaco, de este planeta execrable, que girará a muchos miles de millones de leguas de nosotros, si acaso la voluntad del Señor no ha suprimido ese átomo de las constelaciones de los abismos.

¡Y hasta mañana!

LA MUERTE DE MANUEL MOLINA VIJIL

Por ADOLFO ZÚNIGA

Hoy hace un mes que se consumó la infausta muerte de Manuel Molina Vijil.

Cuando el dolor es acerbo, desgarrador, intenso, la lira del poeta se rompe, la pluma del periodista se troncha, la palabra del orador se hiela en la garganta: sólo los ojos pueden hablar ese lenguaje mudo, inarticulado, pero de soberana elocuencia, que se llaman lágrimas: sólo el silencio tiene el poder de expresar lo que no es dado expresar a todos los idiomas de los hombres. Por eso es hasta hoy, que puedo dar algún desahogo al quebranto indecible, a la amarga pena de mi corazón, por la súbita muerte de Manuel Molina Vijil.

La familia del malogrado joven cuya vida apenas fue una aurora, es la familia de mi intimidad en Tegucigalpa. En la triste mañana del 9 de marzo, un grito desolado de mi esposa me despertó diciendo, "que Manuel Molina Vijil se había matado". Pocas veces un despertar más horrible, aun para un hombre como yo, que ha conocido los horrores y peligros de fratricida guerra y los horrores y peligros de nuestra funesta política, y a quien jamás propicia la fortuna ha brindado sus favores, que avara reserva para sus elegidos. Poca cuenta me doy de mis impresiones en aquel critico momento. Vuelo a la casa de la inmensa desgracia, de la sangrienta catástrofe. ¡Qué escena más lúgubre! ¡Qué cuadro más desgarrador!

Una hechicera y encantadora joven de diez y nueve años, cuya corona de azahares aún no se había marchitado en su frente de esposa, sublime en su desesperación y en su dolor, daba al cielo sus lamentos y sus quejas; y sus lágrimas, perlas del corazón, rodaban por sus encendidas mejillas, haciéndola más deslumbrantemente bella. La anciana madre con la cara rígida como un cadáver y manchada de sangre, con la mirada extraviada, con las ropas tintas también en sangre y sangre ¡ay! de su hijo idolatrado, recorría loca, muda, sombría, casi terrible, las galerías interiores de la casa, cayendo al fin de rodillas, y murmurando una plegaria, como para que no estallara el corazón, El ministro de Dios también de rodillas, encaminando aquel espíritu luminoso a las regiones de la luz. Los Médico Cirujanos, los hombres de la ciencia, con los instrumentos de salvación o de muerte en las manos, comprendiendo su impotencia para salvar a aquel amigo querido, a aquel comprofesor estimado, a aquel hombre en fin, pues la bala se había aposentado en el encéfalo; y en el fondo de cuadro tan desgarrador, el simpático y estimabilísimo joven Molina Vijil, tendido en su cama como en tranquilo sueño: ninguna contracción ningún gesto de dolor se notaba en su fisonomía: la cara conservó aún horas después de la muerte, el aire de jovialidad y de dulzura que formaban el fondo de su carácter; estaba sonriente y como gozoso de dejar la vida.

Mientras tanto, la noticia del suicidio de Molina Vijil había circulado con rapidez eléctrica por todos los ámbitos de la ciudad. Médico caritativo y generoso, poeta dulcísimo y a veces de esto arrebatador, joven ilustrado y culto, y de la más encumbrada posición social, su muerte hirió vivamente toda la fibra sensible de este pueblo espiritual y entusiasta: las muchedumbres, todas las clases sociales, afluían presurosas a la casa mortuoria; no habiendo unos ojos por áridos y secos que fueran, que no llevasen a la juventud y al talento segados en flor, el tributo de sus lágrimas. Día de inmenso duelo fue para Tegucigalpa el funesto 9 de marzo. Las oficinas públicas se cerraron, y hasta el Congreso Nacional, no por ostentoso decreto, sino por un sentimiento de pesar tan profundo como unánime, suspendió en ese día sus sesiones. Pocas veces este pueblo que tiene tantos y tantos superficiales defectos, ha probado cuánto sentimiento, cuánta moralidad, cuánta hidalguía y cuánto amor a lo bello, noble y generoso abriga en su seno.

¡Ah! Si mi natural y humilde filosofía hubiera podido alguna vez elevarse a la concepción del Dios personal inventado por todas las teogonías, que quiere, que aborrece, que se encoleriza, que se aplaca, que tiene poder, que interviene en todo y que lo dirige todo; que es bueno, que es justo, que es sabio, y que posee en fin todas las cualidades que tenemos en más precio los hombres, yo habría pedido a Job sus inmortales y desgarradores acentos para fulminarle en aquel trance fatal, y preguntarle, ¿dónde está tu sabiduría, dónde tu bondad, dónde tu justicia, dónde tu poder?

Pero la naturaleza tiene sus leyes inflexibles, y la única regla del criterio humano, la comprobación por la experiencia, prueba todos los días la eternidad de esas leyes. Ningún milagro ha bastado a cambiarlas en este siglo de los grandes progresos de la física y la quimio, del vapor y de la electricidad, de la prensa y de la discusión libres. Si alguna vez el milagro hubiera sido posible, se habría realizado allí, en aquella triste y desoladora escena, donde todos los corazones, donde todas las almas, donde todas las lágrimas pedían a grito herido y fervorosamente, la conservación de aquella vida tan útil, tan buena y prometedora de grandes y lisonjeras esperanzas. ¿Quién que hubiera conocido el carácter dulce y benévolo, el alma pura o ingenua y el corazón franco y abierto de Manuel Molina Vijil hubiera podido predecir su infausta suerte? ¿Quién hubiera creído, quién hubiera podido sospechar siquiera que el juguetón zenzontle del Guacerique, como le llamara yo mismo en horas felices, había de concluir su vida, tan llena de placeres y esperanzas, con el suicidio?

¿Quién hubiera creído que aquel joven lleno de ardiente caridad, inofensivo como un niño, había de empuñar un día el arma mortífera y acabar con su vida? ¿Y quién pudiera ni imaginárselo, cuando acababa de unirse en matrimonio a una linda y encantadora joven, en quien compiten las prendas de la belleza material y plástica con las prendas de la belleza moral e intelectual?

¡Ah! Manuel Molina Vijil padecía desde Guatemala de una grave y casi incurable enfermedad, que él ocultaba cuidadosamente hasta à sí mismo. Himeneo donde pensó encontrar el paraíso le abrió presurosamente las puertas del infierno. Ni en el suplicio de Tántalo ideado por la mitología antigua, ni en las visiones terríficas del Dante, ni en la voluptuosa embriaguez de suplicios y martirios del feroz y sangriento fanatismo de Fray Tomás de Torquemada, pueden contarse suplicios y martirios comparables a los suplicios y martirios que frenaron el cuerpo y el alma de Manuel Molina Vijil. Y esos suplicios y martirios se consumaban en largos días y en larguísimas veladas en un nido de amores, elaborado con cuidadoso primor, y al lado de una mujer, que ángel debiera llamarse, capaz de haber hecho felices a las piedras. Y esa mujer llamada por tantos títulos a ser feliz, fue tan infeliz, que no pudo, que no podía salvar del abismo insondable o cuyo borde se encontraba próximo a caer, al joven culto y simpático, tan bueno como caballeresco, a quien entregó su corazón y su mano, en momentos en que tenía ya por únicos dueños y señores el idiotismo o la locura.

Manuel Molina Vijil, médico entendidísimo, comprendió toda la gravedad de la dolencia incurable que comenzaba a presentarse con sus más graves síntomas. Entonces, y en los accesos de enajenación mental que le sobrevenían, decía el desdichado, "que ya sentía el ruido de la cadena, que pronto sería atado a un poste", y se entregaba, ora a una profunda melancolía, ora a una desesperación sin límites, a que la vulgaridad y la maledicencia atribuía causas transitorias y superficiales de familia, que el tiempo comenzaba ya a destruir.

Hay que reconocer, en obsequio del malogrado Molina Vijil, que el día en que puso fin a sus días conservaba entera su razón. La noche víspera del fatal suceso, departió tranquilamente y hasta con jovialidad, con todos los suyos: veló el sueño de su encantadora esposa, para sacar el arma mortífera de un armario donde estaba depositada: se levantó a la hora acostumbrada y se vistió con sencilla decencia: esperó a que el alma de su alma saliese de su alcoba, para empuñar el arma; y médico, eligió científicamente el punto donde la bala tenía que producir infalible é instantáneamente la muerte.

Yo no excuso el suicidio de Manuel Molina Vijil: yo lo encomio y aplaudo, yo lo glorifico. Si Molina Vijil no hubiera tenido el suficiente valor para poner término a una vida que debía dentro de poco ser peso insoportable y dolor eterno para su familia, habría sido un ser abyecto y despreciable, que no habría merecido de seguro el profundo sentimiento y las abundantes lágrimas que se derramaron por su trágico fin. Matándose se redimió a sí mismo, redimió a su bella y encantadora esposa, y redimió a su anciana madre, que no vivía sino por él y para él. Manuel Molina Vijil loco o idiota, es algo así en que no se puede ni pensar. Manuel Molina Vijil muerto abnegada y valientemente en holocausto a los más nobles sentimientos que puede albergar el corazón del hombre, los sentimientos de hijo y de esposo, es algo grande, ejemplar, sublime y digno de los aplausos de todos los hombres de pensamiento, de todos los hombres que sean capaces de comprender el ideal verdadero de la vida.

¡Manuel Molina Vijil! Después de haberte aplaudido en los salones, cuando dabas al aire embalsamado los magníficos acordes de tu lira de oro, te aplaudo hoy, en el día del supremo dolor, ¡porque supiste morir valiente, generoso y abnegado! Poeta de los dulces y arrobadores arpegios, vivirás transformado eternamente en un rayo de luz de nuestra blanca luna, ¡o en el perfume de alguna púdica violeta cultivada por invisibles y misteriosas manos!

Manuel Molina Vijil, en vida y muerte supiste conquistarte bellos títulos al afecto y al aprecio de los hombres. Yo te aplaudo y te envidio.

A la anciana madre, que ha sido, que es y será nuestra más querida amiga, qué saboreé a grandes sorbos la copa del dolor, pues es la única misión que le queda en la tierra, después de haber perdido un hijo como Manuel Molina Vijil: el dolor cuando es desgarrador, inmenso, tiene también sus voluptuosidades.

A la joven y encantadora esposa que ha tenido el triste privilegio de balancearse entre el altar y el sepulcro, ¡entre la suprema felicidad y el supremo infortunio, consuelo y resignación!

Tegucigalpa, abril 9 de 1883.

LAS NIEBLAS DEL CORAZÓN

A mi amigo J. J. Palma

¡Oh, mi amigo! Yo en el fondo
Del corazón moribundo,
Por justo temor del mundo,
Mis sentimientos escondo;
Yo he luchado
Por olvidar mi pasado
Y evaporar de mi seno
Las gotas ¡ay! de veneno
Que, con fingido placer,
Mintiendo fe y simpatía,
Allí filtraran un día
Los labios de una mujer.

¡Cuánto crecía mi anhelo
Si al rayo de tibia estrella
Llegaba a mirar con ella
Los panoramas del cielo!

¡Cual creía
Que Dios mismo protegía,
Con su providencia santa,
Tal ventura, dicha tanta;
Y que, al mirarla sonriente
Y viéndome satisfecho,
Me daba un abrazo estrecho
Y me besaba en la frente!

En torno de su albo cuello
Mis brazos entrelazaba,
Mientras su aliento rizaba
Las hebras de mi cabello.
Con dulzura

Decía que la ventura
Nos brinda sus castas flores
En la edad de sus amores.
Yo recliné en su regazo;
Mas perturbó mi embeleso
La vibración de su beso,
La conmoción de su abrazo.

En sus labios seductores
Había miel y sonrisas,
Como perfumes y brisas
En el cáliz de las flores.
Satisfecho...
Puse mi mano en su pecho,
La suya sentí en el mío,
Y en tan feliz desvarío
Vi al astro de la ilusión,
Desde un cielo de ventura,
Disipar con su luz pura
Las nieblas del corazón.

Ella era una flor temprana
De perfumado capullo,
Abierta al primer arrullo
Del beso de la mañana.
Su inocencia
Era magnífica esencia
Y su mejor atavío;
Era gota de rocío
Oculta en su casto broche;
Y ella en sus ojos reunía
Las luces del mediodía,
Las sombras de medianoche.

Al fin su labio risueño
Negó a mi labio ambrosía;
Mas viene a mi fantasía
Hasta en las horas del sueño.
Y la miro,

Sin que ella exhale un suspiro,
Bella, apacible y sonriente;
Y ni siquiera presiente
Que puede llegarle a ser,
En un momento terrible,
Todo placer imposible,
Y muy pesado el deber.

¡Ya nada a fingir alcanza
Mi pobre mente sombría!
Ni vuela la fantasía
En alas de la esperanza.
No destella
En mi horizonte la estrella
A cuyos suaves fulgores
Se iluminaban las flores
De mi perdida inocencia;
Y sola queda en el alma,
De aquella tranquila calma,
La dulce reminiscencia.

Y tú que al festín me invitas
Del amor, di, ¿no te asombras
De ver en mi rostro sombras,
De oír de mis labios cuitas?
¿No te hieren,
Cuando en tus oídos mueren,
Los ayes del dolor mío,
Que entre suspiros te envío?
Tú no ves mi adversidad,
No comprendes mi quebranto,
Aunque te enseñe con llanto
¡Mi muerta felicidad!

¡Cuál se deshacen las almas
En lágrimas y congojas,
Si se marchitan las hojas
De nuestras triunfantes palmas!
Si se esconde,

Sin que sepamos en dónde,
Para aumentar los martirios,
El astro de los delirios.
¡Y si al velar nuestra gloria
El ser que olvidar le plugo,
Nos deja como verdugo
Su imagen en la memoria!

¡Si es muy triste a los que aman
Ver desde extraños hogares
Las sombras crepusculares
Que los recuerdos derraman,
¡Todavía
Siente más melancolía
El mísero adolescente,
Cuando de su hogar ausente,
Huérfano infeliz de padre,
Del mundo entre los excesos,
No le custodian los besos
Del corazón de una madre!

¡Y cuán dulces y sagrados
Son de la infancia los sueños,
Cuando los velan risueños
Los maternales cuidados!
¡Qué delicias
Derraman en sus caricias
Aquellos labios sedientos
De nuestros tibios alientos!
¡Y cómo en la mente fijos
Sentimos con dulce calma
Esos conciertos del alma
Con que adormecen los hijos!

Yo soy un cisne perdido
De un mar entre densas brumas,
A quien cortaron las plumas
Y destrozaron el nido;
Y que a solas,

Juguete vil de las olas,
A divisar ya no alcanza
Las playas de la esperanza;
Y que en el postrer afán
En que sus fuerzas se agotan,
Su cuerpo débil azotan
Las alas del huracán.

¡Ya el dolor cubre de hielo
Mi enérgica juventud,
Y aparta de mi laúd
Las melodías del cielo!
No me alienta
Ni esa ilusión que presenta,
A través de sus cristales,
Florestas, grutas, raudales...
¡Que en esta desolación,
Do mueren las ansias mías,
Más densas son y más frías
Las nieblas del corazón!

Tegucigalpa: 5 de diciembre de 1881.

RIMAS

I

Se escaparon de mi pecho
Muchas veces mis suspiros,
Y volando se marcharon
A tu pecho, ídolo mío.
Volvieron... ¡Ah! mejor fuera
Que hubiesen allí vivido;
Volvieron sólo a decirme
Que lo encontraron vacío.

II

¿Ves la dureza de ese blanco mármol
Que resiste a los golpes del cincel

Con que quiera cambiarlo hábil artista
En obra de inmortal esplendidez?
¡Pues más duro es tu pecho, desengáñate,
Tu pecho de mujer!

III

¿Conoces la amargura indescriptible,
Conoces la amargura de la hiel?
¡Pues es dulce, muy dulce, comparada
Con la copa que diérasme una vez,
Y jugando en tu labio la sonrisa
Me obligaste a beber!

IV

Llamé una vez a tu pecho,
Y nadie me contestó:
Creí entonces que dormido
Estaba tu corazón.

Después, tenaz, insistente,
Lancé de nuevo mi voz;
Pero fue tal mi desgracia
Que nadie, nadie la oyó.

Fui por fin, por vez tercera...
—¿Quién es? —dijeron.
—Yo soy.
—¿Y qué buscas? —replicaron.
—Vengo buscando tu amor.

—Puedes marcharte en buen hora,
Y con bien te lleve Dios;
Ve a buscarlo en otra parte,
No vive aquí, ni vivió.

Desde entonces por el mundo,
Triste y mudo, errante voy,
Buscando lo que no existe,
Buscando, ¡necio!, el amor.

TE AMO AÚN

Hubo un tiempo ¿recuerdas? que a tu mano
Estrechaba la mía tiernamente;
Hubo un día, es verdad, que allá en tu frente
Mi ardiente labio se posaba ufano

¿Quién me dijera que cercano
estaba el fin de nuestro amor vehemente,
y que tu corazón indiferente,
mi corazón evocaría en vano?

Embriagado en tu rostro, yo creía
Eternas tu pasión y mi ventura
pero al fin de olvidarme llegó el día;

se extinguió de tu amor la llama pura,
y hoy miras impasible mi agonía
y yo adoro en silencio tu hermosura

A MI MADRE

Ay! yo, distante de mi patrio suelo,
Sus auras perfumadas no respiro,
Y en la estrecha extensión de mi retiro
Evoco los recuerdos con afán;
Ya no derramo el llanto que me exige
Este país de compasión ajeno,
Mas como gotas de letal veneno
Aquí en mi corazón cayendo van.

Aquí no encuentro un ser que compasivo
Del desgraciado se apellide hermano;
Aquí un alivio se pretende en vano,
Y los consuelos irrisiones son.
¡Injusta sociedad! Visteis mi llanto
Y me arrojasteis la anatema encima;
La carcajada vuestra me lastima

Y me arranca la fe del corazón.
Mas tú, madre infeliz, que por mí lloras
Allá en tu triste soledad oscura,
Tú puedes comprender mi desventura
Y medir la extensión de mi dolor;
Tu recuerdo sagrado presta aliento
A mi ánima doliente y desolada
Para llegar al fin de la jornada,
Donde me aguarda tu infinito amor.

Pero no sufras más... Enjuga el llanto
Que en tus párpados arde noche y día;
No olvides que hay un Dios; en él confía,
Que a tu seno ese Dios me llevará;
Y nada entonces bastará a arrancarme
De tus amantes brazos ni un momento;
Y si derramo el llanto del contento,
Ese llanto tu mano enjugará.

¡Qué fuera sin tu amor del hijo tuyo
En medio del océano de la vida,
Luchando con esa ola embravecida
Que sin razón se llama sociedad?
¡Ay! sin tu amor, tal vez pasado hubiera
De la senda del bien a la del crimen,
Y cuantos ora a su placer me oprimen
Mañana buscarían mi amistad.

Pero prefiero, abandonado y solo
Y lejos de tu lado, madre mía,
Imitar tu virtud, mi único guía,
Y sentir siempre la conciencia en paz,
A encontrarme rodeado de ventura,
De honores, de placeres... mas sin calma,
Llena de vicios esconder un alma
Tras la risueña, engañadora faz.
Si acaso te ofendí, cuando era niño,
De mi imprevisto error heme contrito;
Joven aún, consejos necesito,

Y de tu amparo y protección también.
¡Bendíceme y perdóname! Soy tu hijo,
Pedazo de tu ser, ídolo tuyo;
Tú has sido mi ambición, eres mi orgullo,
Tú, mi esperanza y verdadero bien.

TEMOR

—Temo que, desoyendo mi plegaria,
Me robe tu cariño otra beldad...
—¡Oh! no temas, mi dulce pasionaria,
Que es breve ante mi amor la eternidad.

EL BESO

Un beso es la expresión más elocuente
De un corazón ajeno a los agravios,
Es la emoción vivísima y ardiente
De dos almas que se unen tiernamente
En el límite estrecho de dos labios.

ÚLTIMA VEZ

Te llamo con el título más dulce, ídolo mío,
Y responder no quieres al grito de mi amor;
Está desierta tu alma, tu corazón vacío,
El goce del afecto conviertes en hastío,
Y esquivas mi presencia, burlando mi dolor.

Yo tengo por testigos de los acentos bellos
Que al pie de tu ventana te oyera murmurar,
Del astro de la noche los pálidos destellos,
Un rizo que tu mano me dio de tus cabellos
Cuando me amabas mucho, cuando supiste amar.

En vano te pregunto por qué tus dulces ojos
Apartas de los míos, vedándome su luz;
En vano te pregunto por qué tantos enojos,

Por qué mis flores bellas conviertes en abrojos
Y vistes mi esperanza de lóbrego capuz.

Tal vez disculpar quieres tu fría indiferencia
Diciendo que engañada creíste en la pasión,
Diciendo que del sueño feliz de la inocencia
Mi mano te sacara con bárbara insolencia,
Dejando envenenado tu tierno corazón.

¡Oh, no, dulce amor mío! De norma la pureza
Sirvióme en los momentos de exaltación febril;
Y cuando sobre el seno tenía tu cabeza,
Un ángel custodiaba tu cándida belleza,
Cubriendo con sus alas las flores de tu abril.

El Dios que ora consuela mi lánguido abandono
Te dice que te amaba, que te adoraba bien;
Que no soy el primero que tuvo en tu alma un trono;
Que no soy el primero que sufro y que perdono;
Que ya otro que engañaste te perdonó también.

Tú todo lo olvidaste; yo vivo en mis retiros
Trayendo a mis recuerdos el tiempo que se fue;
El tiempo en que del aura me enviabas en los giros
Palabras y promesas, sollozos y suspiros
Que siento aún palpitantes, que nunca olvidaré.

Si en un jardín penetro, y en dulce arrobamiento
Contemplo el casto broche de la naciente flor,
 Oculta entre sus hojas te finge el pensamiento,
Mezclado en sus aromas la aroma de tu aliento,
Que unidas se desprenden en húmedo vapor.

Te busco, quiero verte... ¡mas ¡ay! todo es en vano!
Ya sé que para siempre abandonado estoy;
Por eso como un mártir en el dolor ufano,
Y puesta sobre el pecho con inquietud la mano,
Mi tierna despedida con lágrimas te doy...

POESÍA

Recitada por su autor en el baile dedicado al Doctor Marco A. Soto
el 6 de febrero de 1881

I

Bella, magnífica, inquieta,
Llena de dulce candor,
En esta hermosa glorieta
Está en presencia del poeta
La sibila del amor.

Dulces palabras murmura
Con plácida dignidad;
Y con su mirada pura
Derrama en mi ánima oscura
Torrentes de claridad.

Con sus sonrisas me halaga,
Me llena de inspiración;
Y con su armonía vaga
Me pide que satisfaga
La deuda de un corazón.

Del de Honduras, patria mía,
Que en su contienda infeliz,
Con inaudita porfía,
Para insultar su agonía
Rasgaban su cicatriz.

No bastaba el desconsuelo
De su eterno padecer,
Y la hicieron en su duelo
Posar la frente en el suelo
Y sus cadenas lamer.

¡Débil cordero rendido
En las garras del león,
Que al dar su postrer balido
Halló en su sangre teñido

Su inmaculado vellón!

II

Los seres desde la cuna
Todos tienen variación:
Muda de fases la luna,
De caprichos la fortuna,
Los pueblos de condición.

Así Honduras, sumergida
En su negra adversidad,
Al descender desvalida,
Como Genio le dais vida,
Como Hombre su libertad.

Vos de su faz hechicera
Habéis borrado el capuz,
Y con constancia sincera,
Aquí y allá y por doquiera,
Borráis la sombra y dais luz.

Con vuestras obras altivas
Vais orlando la ciudad,
De líneas de Morse activas,
Imprentas, locomotivas,
Y asilos de caridad.

Del siglo décimo nono
Nos brindáis la comunión;
Y dejáis que en nuestro abono
Alce la ciencia su trono,
La industria su pabellón.

III

Todo un pueblo con orgullo
Sus destinos os fió ayer;
Hoy a su plácido arrullo
Sentís el grato murmullo

De su infinito placer.

De sus costumbres rehacias
Sólo queda el ataúd.
Pasaron nuestras desgracias;
¡Por ello os damos las gracias,
Brindando a vuestra salud!

A MARCO AURELIO SOTO

(EL 27 DE AGOSTO DE 1881).

Del Cisne del mar vecino
Aún se percibe el arrullo;
Pero nos falta el murmullo
Del Ruiseñor Guatelino.
Éste con su arpado trino
Es de la dicha el cantor,
Mártir aquél del dolor,
Siente que el seno le hieren
Las esperanzas que mueren
Nadando en olas de amor.

En feliz arrobamiento
Contempla mi ánima oscura
Reunida aquí la hermosura
Y aquí reunido el talento.
Aquélla, del sentimiento
Los gratos fulgores toma,
Entre sus labios asoma
La dulce miel del cariño,
Y tiene el alma de armiño
Y el corazón de paloma.

En sagrada comunión
Están en este momento
La idea y el sentimiento,
El alma y el corazón...

Palpita aquí de emoción
Risueña la sociedad;
Hay algo de inmensidad
Que en nuestras frentes fulgura:
Es la luz vívida y pura
Del Sol de la Libertad.

De la flor en la ambrosía,
Del ave en el dulce canto,
En el estrellado manto
Y en el luminar del día,
No encuentro tanta poesía,
Ni alientan mi inspiración,
Como la dulce expresión
De un pueblo que victorea
La libertad de la idea,
La independencia de acción.

Ayer con dolor profundo
La patria se estremecía
Y sus cadenas lamía
Esclava del Viejo Mundo.
Fue libre;... mas infecundo
Fue su aliento soberano,
Pues cuando había su mano
Deshecho ya el regio escollo,
Pasó a meretriz del criollo
La esclava del castellano.

¡Ay, Honduras! Tu alba luz
Velaba un denso sudario;
Inmenso fue tu calvario
Y muy pesada tu cruz.
De tu noche entre el capuz
Devorabas tu dolor;
Pero de Soto el amor,
De Soto la inteligencia,
La fe de Soto y su ciencia
Te han elevado al Tabor...

¡Gracias, Soto! Satisfecho
Deja a Dios tu sacrificio;
Tú eres de la ley solsticio
Y fuerte imán del derecho.
En cada hondureño pecho
Tú tienes un pedestal;
En la tribuna social
Siempre triunfante apareces,
Y hoy, como ayer, nuestras preces
Te damos, genio inmortal.

A...

Una tarde de junio, cariñosa,
Queriendo disipar tú mi tristeza,
Me llevaste a un jardín; y allí, callada,
Me obsequiaste una flor, de amor emblema.
Yo de tu mano la pasé a mi seno
Para embriagarme en su vital esencia,
Para enjugar del corazón el llanto
Y para dar a mis dolores tregua.
¡Ay! yo sentía en esa hermosa tarde
Cuánta amargura el universo encierra;
Tenía el alma de sufrir cansada,
Y me faltaba para tanto fuerza.
Tú, viendo mi aflicción, te estremecías,
Se agitaba en tu pecho igual tormenta;
Y aunque sereno tu semblante estaba,
Tu corazón gemía con tristeza...

Yo iba a alejarme de tu dulce lado,
Iba a perder la luz de tu presencia,
Brindando como premio a tu cariño
Cuantos dolores la distancia crea.

Por eso en tal momento, enternecido
Y lleno de pasión y de pureza,
Tomé otra flor que en el jardín había,

Y te la di cual de constancia emblema.
¿Recuerdas que yo entonces te decía:
Esta modesta flor que ahora me obsequias
Irá conmigo adondequier que vaya,
Cual de tu afecto inmaculada prenda?
Tú también me decías otro tanto;
Mas debido a tu fría indiferencia
Ya se borró de tu memoria débil,
Y ni un recuerdo de mi amor te queda.
¡Ay! con justicia el corazón temblaba,
Presintiendo los daños de la ausencia.
¿Para qué te hizo Dios tan seductora,
Tan llena de atractivos y tan bella?

¿Por qué te presentaste en mi camino,
Haciéndome olvidar cuanto viniera
Como recuerdo a atormentar el alma,
Como esperanza a iluminar la idea?
O en ese instante que jamás olvido,
¿Por qué no tuve el corazón de piedra?
Ni pude resistir: tú vales mucho,
¡Es mucho tu poder, mucha tu fuerza!
¡Te amé con un amor inconcebible,
Con el amor del cielo y de la tierra,
Y te amo todavía, aunque insensible
A mi amargura y a mi llanto seas!

Yo no puedo olvidarte, aunque lo ansíe,
Aunque tú misma con afán lo quieras,
Porque fijas están en mi memoria
Tu imagen, tus palabras, tus promesas.
No me exijas, por Dios, el imposible
De querer que te arranque de mi idea:
Antes arrancaría hecho pedazos
Mi pobre corazón, ¡víctima eterna!

A MARÍA

Nada me impide contemplar, María,
En mis horas de amor la simpatía
Que Dios pusiera en tu inocente faz;
Y nadie puede en mi aparente calma
Adivinar la tempestad del alma,
Ni de mi pecho el insondable afán.

Yo siempre he sonreído en tu presencia,
Temiendo sorprendieras la violencia
De este fuego del alma, abrasador;
Y he disfrazado en nota indiferente
La queja melancólica y doliente
Que trémula en el labio vaciló.

Yo combatí con el primer latido
Que dio mi corazón estremecido
Al presentir tu celestial poder;
Y quise hundir mi pensamiento inquieto
Con las grandezas del dolor secreto
En las tinieblas de la muerta fe.

Quizás tú al fin lo has comprendido todo;
Mas ya sin esperar, te hablo de modo
Que dudarás al fin de la verdad;
Y pensarás, como pensaste un día,
Que aquello que juzgaste idolatría
Era sólo un exceso de amistad.

Ya ves que en este amor con que batallo
Hasta mi humilde nombre yo te callo,
No sé si por prudencia o por deber;
Y que al firmar la página que escribo,
Por ocultarte mi dolor, recibo
Un nombre que jamás mío lo fue.[2]

---

[2] (Esta composición y otras del autor se publicaron con el seudónimo "ARIEL").

Y te amo, sí; te adoro con delirio,
Como amaban un tiempo su martirio
Los seres predilectos del Señor;
Mas ellos siempre en su dolor postrero
Tenían que esperar!... Yo nada espero,
Y te amo con el mismo corazón!

Yo, solitario en la nocturna calma,
Iluminada por la luz del alma,
Contemplando tu imagen soy feliz;
Y en el éxtasis puro de la idea
Parece que piadosa se recrea
En hacerme de gloria sonreír.

Si de la fiesta en el acorde ruido
Llega tu dulce acento hasta mi oído,
Me siento de pasión estremecer;
Y coloco mi mano sobre el pecho
Para impedir que el corazón deshecho
Estalle en tu presencia de placer.

Tú me evocas a veces un recuerdo,
Una historia de amor, en que me pierdo
Cual se pierde el rocío sobre el mar;
Y me acusas de ingrato y de variable
Cuando tú, ¡Dios lo sabe!, eres culpable
De esta fiebre del alma, de este afán.

¡Yo no puedo olvidarte... ni perderte!
Mil veces lo he intentado; pero al verte
Volviste a inflamar mi corazón;
Pero nunca sabrás lo que hoy ignoras,
Y si algún día de ternura lloras,
¡Olvídate del mundo y llama a Dios!

A HONDURAS

(EN LA INAUGURACIÓN DE LA BIBLIOTECA NACIONAL
EL 27 DE AGOSTO DE 1880).

Bajo un cielo de colores,
Mísera, inmóvil, tendida,
Una virgen desvalida
Yace en su lecho de flores.
Sobre su faz los dolores
Grabaron todas sus huellas;
Ya no se oyen las querellas
Que al cielo elevara un día,
Porque en su cruel agonía
El mundo burlóse de ellas.

Vuelve los ojos atrás
Y ve su pasada gloria
Como un borrón de la historia,
Como un lunar en su faz;
Sobre su frente: "Jamás",
Dejó el infortunio escrito;
Jamás el día bendito
De salvación llegar debe,
Porque su ventura es leve
Y su dolor infinito.

A pesar del sufrimiento
Todavía es tan hermosa,
Cual lo es un botón de rosa
Por mucho que lo aje el viento.
Con varonil ardimiento
Buscando va su razón
La luz de la redención;
Y aunque sus miembros, cansados,
Conserva santificados
El alma y el corazón.

Sus manos atan cadenas,
Sus plantas con grillos siente,
Y lleva sobre su frente
Espinas por azucenas.
Sus mejillas están llenas
De polvo, sombra y quebranto;
Está en jirones su manto,
Y por su rostro desliza
Una furtiva sonrisa
Con una gota de llanto.

Sus verdugos han querido
Sacrificar su inocencia,
Despedazar su existencia
Y dar su nombre al olvido.
Por un error han creído
No verla triunfante más;
Llegaron su marcha audaz
Con traición a dejar trunca,
Pero a envilecerla, nunca,
Ni a darle muerte, jamás.

Mas de ese lecho de flores
Donde la mártir descansa,
No aleja, no, la esperanza
Sus plácidos resplandores...
¿Quién es la virgen de amores
Que sacrificando están
Con imperturbable afán?
Es la Libertad hermosa,
Y el lecho donde reposa,
La cuna de Morazán.

Dos genios con piedad miran
Las penas que la devoran;
Miran su pasado y lloran,
Ven su presente y suspiran.
Enternecidos aspiran
A darle gloriosa palma;

Hacen un voto en el alma,
Y a Dios teniendo en su abono,
Le ofrecen un nuevo trono
Y le devuelven la calma.

¡Cuál la presentan rodeada
De su esplendor soberano,
Con una oliva en la mano
Y de laurel coronada!
Dirigiendo la mirada
(Ayer miradas mendigas)
Hacia esas selvas amigas,
Y convirtiendo los setos
En montañas de cafetos
Y de doradas espigas.

Hoy pléyade luminosa,
Con fe acrisolada y suma,
Hace palpitar la pluma
Y la tribuna escabrosa.
Su palabra poderosa
Disipa la oscuridad,
Y a la luz de la verdad
Hace que adorada sea
Del siglo la gran idea:
La ley de la humanidad.

¡Mirad un acto en su abono!
En este mismo recinto,
Plácido, bello y distinto,
Minerva erige su trono.
Aquí la ley del encono
Ante la justicia abdica;
Aquí la Patria publica
Sus sabias y justas leyes,
Y a las hondureñas greyes
Las rutas del bien indica.

Vosotras, matronas santas,
Que en vuestros castos hogares
Eleváis vuestros cantares
De lo infinito a las plantas;
A quienes dio penas tantas
La culpable indiferencia
De ayer a la descendencia,
¡Mirad! con dulce embeleso
Los patriarcas del progreso
Dan pan a la inteligencia.

¡Modestas flores! Doncellas,
De gracia y candor modelo,
Que habéis en el alma un cielo
Y en vuestros ojos estrellas;
Fabricad guirnaldas bellas
De mirtos, rosas, claveles,
Alelíes y laureles,
Y con ternura y bondad,
Las graves sienes ornad
De vuestros guardianes fieles.

A vosotros, albas puras,
Progenitores del bien,
Que convirtiendo en Edén
Vais al desierto de Honduras;
Los sabios, las hermosuras
Y el pobre artesano ignoto,
Desde el confín más remoto,
Mirando su beneficio
Y vuestro gran sacrificio,
Os dan de gracias un voto.

¡ADIOS!

Dios en su seno con bondad recibe
De la tarde, al morir, su último aliento,
Y toma como luto el firmamento
La densa obscuridad.

El ave de la noche deja el nido
Y cruza los espacios solitaria,
Y la virgen eleva su plegaria
Allá en la soledad.

Así también el sol de mi alegría,
El horizonte del dolor esconde,
Y nadie, nadie a mi clamor responde;
Sólo me escucha Dios.
Como el ave nocturna, el pensamiento
Recorre los abismos del quebranto;
Y bautizo con gotas de mi llanto
Mi postrimer adiós.

Mas ¡ay! no sufro solo; también sufre
Y en su aposento, inconsolable llora
Una blanca paloma que me adora,
Una modesta flor;
Eres tú, que presientes la amargura
Que en los suspiros de un adiós se encierra;
Eres tú, que desciendes a la tierra,
Del cielo del amor.

¡Cuántas veces el jugo de una lágrima
La sed de nuestras almas satisfizo,
Y cuántas en un rapto, de improviso
Subimos al edén!
Nuestro goce era inmenso; nada, nada
Llegaba a interrumpir nuestra ventura:
Si aumentaba mi afecto, tu ternura
Aumentaba también.

¿Recuerdas que en tu seno, reclinado,
Rizabas con tu aliento mis cabellos,
Y fijabas en mí tus ojos bellos,
Sin moverlos jamás?
Yo recuerdo que en premio a tus caricias
Besaba tus mejillas candorosas,
Y que el rubor sus encendidas rosas

Arrojaba a tu faz.

Todo está en tu memoria y en la mía;
Ni un punto del pasado hemos perdido;
De nuestros corazones el latido
Nos habla en alta voz.
Nos lo recuerda la primer aurora,
Cuando el rayo del sol apenas arde,
El aura de los campos por la tarde,
Y por la noche, Dios.
Ya que naciste bella y tan hermosa,
Tan llena de candor, tan tierna y pura,
¿Por qué diste cabida a la ternura?
¿Quién te obligaba, quién?
¿Por qué, cuando a tus plantas puse un día
La primer flor del corazón herido,
No arrojaste esa flor en el olvido
Y mi nombre también?

Pero me amaste mucho... Por el cielo
Estaba destinado a los dolores...
De nuestro amor las delicadas flores
En breve morirán.
¿Morir? ¡Oh, nunca, no! Con la distancia
Más bellas crecerán, más hechiceras,
Como crece el azul de las praderas
Cuando lejos están.

Al fin nos separamos... El destino
Amarga con crueldad nuestra existencia,
No respeta tu fe, ni tu inocencia,
Ni el amor de los dos.
Cual gozamos ayer, hoy padecemos;
Mas ¿qué importa nuestro hondo desconsuelo
Si la esperanza nos promete un cielo
Para después?... ¡Adiós!

¡SUFRO POR ELLA!

¡Estaba tan hermosa! La vi un día
Del río de mi patria en las riberas,
Rivalizando con las flores todas
En perfumes, en gracia y gentileza.

El suave resplandor de su mirada
Eclipsaba el fulgor de las estrellas;
Y caía en sus hombros, con descuido,
Revuelta en ondas mil su cabellera.

La oí decir adiós; esa palabra
Siento que aún en mi interior resuena,
Y desde entonces, en el alma mía
Quedó su imagen para siempre impresa.

¿La amo? No sé; del corazón amante
La única fibra que vibrar pudiera
Está por el dolor adormecida,
Y quizá nunca para amar despierta.

No sé lo que pensar; pero la busco
Con tan profunda fe, con fe tan ciega,
Que la he de hallar en mi fatal camino,
Porque, bien sabe Dios... ¡sufro por ella!...

¿Y así quiero callar? ¿Así mi labio
Del corazón los sentimientos niega,
Cuando mis ojos, de llorar marchitos,
Todo el secreto de mi amor revelan?

¿Qué dije, pues? ¿Qué inerte, adormecido
Estaba el corazón?... ¡Vana creencia!
¡El fuego santo del amor me abrasa!
¡No la puedo olvidar! ¡Sufro por ella!

ELLA

¡Ella es un ángel! En su casto seno
Se anidan la pureza y la ventura,
Y de su labio, de sonrisas lleno,
Brota la miel que el corazón apura.

El dulce acento de sus labios rojos
Revela siempre su inocente calma;
Y con los rayos de sus negros ojos
Llena de luz la inmensidad del alma.

Su corazón, a la piedad nacido,
Es al delirio del amor extraño;
Y en sus párpados leves no ha sentido
Las lágrimas temblar del desengaño.

Su pensamiento, brillador, fecundo,
Sigue del bien la luminosa huella;
No tiene nada que pedir al mundo,
El mundo mucho que envidiar de ella.

De su alma pura, en el santuario esconde
Los sentimientos de la fe cristiana,
Y así, avanzando sin saber a dónde,
Nada ambiciona de la gloria humana.

Es su universo la feliz morada
Donde tranquila y satisfecha vive,
Donde, llenando su misión sagrada,
De todo un Dios la bendición recibe.

¡Siento que la amo! Pero, débil hombre,
No puedo ya con mi dolor a solas,
Cuando se agitan murmurando un nombre
Del sentimiento las inquietas olas.

¡Oh, la amo, sí! Lo sé porque he sentido
Temblar mi corazón en su presencia,
El alma concentrarse en un latido

Y el ser purificarse en su inocencia.

Tal vez un día, de mi fiel ternura
Llegue el secreto a sorprender callada,
Cuando en su frente inmaculada y pura
Fije la luz de mi postrera mirada.

TÚ

Eres la misma que buscado había
En mis horas de llanto y de agonía,
En mis noches de insomnio y de dolor;
La misma, siempre pura, siempre bella,
Como el rayo apacible de una estrella,
Como el casto perfume de una flor.

En tus ojos el alma estremecida
Bebió el fuego sagrado de la vida,
Poblando de ilusión la soledad;
Y fue tu imagen la vestal hermosa,
La pira que alumbraba silenciosa
Su lóbrego santuario, la deidad.

Tú tienes en favor de tu ventura
La paz de la inocencia, la hermosura
Y la casta sonrisa del placer;
El incienso del mundo y su perfume
Ante tus bellas plantas se consume...
¡Más pareces un ángel que mujer!

Eres joven aún. Tal vez ignoras
Que hay en la vida prolongadas horas
De duelo, de infortunio, de aflicción;
Que, desoído el amoroso ruego,
Cada "¡ay!" es una lágrima de fuego
Que nos viene a quemar el corazón.

¿Para qué revelarte lo sufrido
Si no debes saber lo que he sentido,

Lo mucho que he sentido y siento aún?
¿Para qué es arrancarte de tus sueños,
Tranquilos, apacibles, halagüeños,
Poblados de armonías y de luz?

¡Oh, no! Nunca sabrás lo que padezco;
Por tu misma ventura te lo ofrezco;
No quiero que tú aprendas a llorar;
No quiero que, brindándome un consuelo,
Las refulgentes luces de tu cielo,
La nube del dolor vaya a eclipsar.

¡Ay! cuántas veces con afán vehemente
Luché por arrancarte de mi mente,
Por borrarte también de mi pasión;
¡Mas, ay! inútil fue, todo fue en vano,
Porque al contacto de tu dulce mano
Se inflamaba de amor mi corazón.

¿Mas para qué ocultarlo si lo sabes?
Si te lo estoy diciendo, si las llaves
Tienes tú del santuario de mi fe.
¿Para qué es engañarme y engañarte,
Diciendo que no debes formar parte
De este amor infeliz? ... Yo no lo sé.

Y te amo con delirio, te amo mucho:
Estando en tu presencia, tiemblo y lucho
Por ocultar al mundo mi dolor...
Me basta conocerte, amarte a solas,
Saber que tú lo sabes, y en las olas
De tu aliento vital, beber amor.

A...

Yo desperté tu ser a la ternura
Y cambié tus ensueños de ventura
Por los plácidos raptos del amor;

Yo te hice comprender que hay en la vida
Momentos en que el alma, enternecida,
Se abisma en los misterios del dolor.

Y tú eres una joven inocente
Que llevas, como el ángel, en la frente
De la pureza el resplandor feliz;
Con la ola embalsamada de tu aliento
Vivificas el mundo, y con tu acento
La armonía del cielo haces oír.

Dios sabe que te quiero y nos queremos,
Que un mismo pensamiento ambos tenemos,
Que es igual, muy igual, nuestra pasión;
Que yo vivo en tu ser; y que es mi mente
Santuario de tu luz resplandeciente,
Y cáliz de tu amor mi corazón.

¡Cuántas veces en alas de la brisa
Te envío una palabra, una sonrisa,
Un suspiro, una lágrima también!
¡Y cuántas tú me envías en sus giros
Palabras y promesas y suspiros
Y el jugo de tus lágrimas tal vez!

Yo sé que apreciar sabes cuanto escondo
De ternura y cariño en lo más hondo
De este pecho infeliz, vacío ayer;
Que son míos tus raptos de ternura,
Tus ensueños de amor y de ventura,
Tu sonrisa de gloria y de placer.

¡Ay! Y con tanto amor no hemos podido
Sino muy levemente y al oído
Hablar de la esperanza de los dos;
Pero yo tu secreta simpatía
Conozco en tu mirada, tú en la mía
Conoces mi infinita adoración.

¡Cuántas veces, mirando tu hermosura,
Quisiera haber callado mi ternura,
Ahogando en el dolor mi corazón!
Mas tu belleza a tu bondad se hermana,
Y está ya el alma de tu amor ufana,
Y tú tranquila, y satisfecho yo.

¡DOLOR!

(En memoria del General Don Miguel García Granados, ex-
Presidente de la República de Guatemala).

El héroe muere; su fama, nunca.
Sagrada Musa de Sión
Que lloras sobre las ruinas,
Que en vez de flores, espinas
Circundan tu corazón;
Que en la santa redención
De la esclava humanidad
Llenabas la inmensidad
Con tus clamores de duelo,
Pide sus luces al cielo
Y alumbra mi oscuridad.

Quiero cantar como canta
El ruiseñor sus congojas;
Como su savia las hojas
Que el torbellino levanta;
Con esa nota que encanta
Al corazón afligido
Porque ve reproducido
En cada acento exhalado,
Un sentimiento sagrado
Allá en el alma esculpido.
Al de un pueblo, esclavo un día,
Después libre y soberano,
Mezclo mi dolor insano
Y mi honda melancolía;

Quiero traer de GARCÍA
Los hechos a la memoria,
Para que después la historia,
Imparcial, justa y severa,
No diga que HONDURAS fuera
Indiferente a su gloria.
Yo le conocí ya anciano;
Le conocí cuando había
La edad con su mano fría
Teñido el cabello en cano;
Cuando temblaba su mano
De una pluma con el peso;
Pero su vigor, ileso
El corazón aún guardaba,
Porque Dios le destinaba
Para apóstol del progreso.

Y al fin lo fue. En la tribuna
Sus derechos defendía;
Aquel héroe no temía
Armas, ley, fuerza ninguna.
Su palabra era oportuna,
Feliz y arrebatadora;
Y la idea brilladora
De paz y de independencia,
Sembraba en la inteligencia,
Su inteligencia creadora.

¡Cuántas veces dignamente,
De la opresión en presencia,
Al opresor con vehemencia
Apostrofó frente a frente!
Y audaz, sereno, elocuente,
Sin temer la tempestad
De la honda arbitrariedad,
Inspiró a la multitud
El odio a la esclavitud
Y amor a la libertad.

Más tarde… errante, proscrito,
Allá en los ajenos lares,
Sintió llegar sus pesares
Al dintel de lo infinito;
Desde allí lanzó su grito
Contra la vil opresión,
Y con firme corazón,
Con fe profunda y audacia,
De su patria en la desgracia,
Se lanzó a la redención.

Él, sin cuidar de sí mismo,
Con cuatro o seis compañeros,
Hizo frente a los aceros
Del servil oscurantismo;
Con denuedo y heroísmo
Y con clemencia notoria,
Fue en brazos de la victoria,
Hasta poner en la frente
De GUATEMALA naciente
La diadema de la gloria.

Todo un pueblo, de alegría,
De entusiasmo y de amor lleno,
Le recibía en su seno
Y el corazón le ofrecía;
De palmas mil le cubría;
Puso corona en su sien;
Porque, cual genio del bien,
Dejaba entonces abiertas,
Del pensamiento las puertas
Y del porvenir también.

Ya su energía enervada
Por su edad y la clemencia,
De la pública existencia
Pasó a la vida privada;
Pero dejó asegurada
En un varón de alma fuerte

De sus hermanos la suerte…
¡Seis años después… sentía
Sobre su frente sombría
El ósculo de la muerte!

¡Murió! porque morir debe
Cuanto el Universo encierra,
Desde el señor de la tierra
Hasta el infusorio leve.
Murió el héroe. Al hombre en breve
El cementerio le llama;
Pero no muere su fama,
Pues con respeto y con gloria
La guarda ilesa la Historia,
La eternidad la reclama.

¡Libertad! Reina del mundo,
Supremo dios de la vida,
Astro cuya luz querida
Vivifica lo infecundo.
Yo, con respeto profundo
Y dolorosa impresión,
Te doy desde este rincón
Donde tu magia percibo,
Mi saludo primitivo,
Mi duelo y mi corazón.

¡Has perdido al hijo amante;
Al hijo tuyo que fuera
En la batalla una fiera,
En la tribuna un gigante!
GUATEMALA, tú, arrogante,
Alzabas ayer la frente;
Hoy, bájala tristemente
Cubierta de amargo duelo,
Porque un astro de tu cielo
Se ha ocultado en Occidente.

¡Oh, gran GENERAL! Reposa
En tu morada postrera
Mientras la luz reverbera
De la libertad hermosa;
Pero si un día, orgullosa,
Levanta la tiranía
Su frente torva y sombría,
Deja tu dulce sosiego,
Y un rayo de ardiente fuego
Sobre su cabeza envía.

HONDURAS, porción querida
De la AMÉRICA DEL CENTRO,
Dulce patria donde encuentro
Amor, esperanza y vida;
Hoy, con el alma transida
De amargura y de quebranto,
Vengo a humedecer tu manto
De libre y de soberana,
Sobre el dolor de tu hermana,
¡Llorando mi triste canto!

LA LIBERTAD

Ama el inocente niño
Lo que comprender no sabe;
Su hermoso plumaje el ave
Y su blancura el armiño;
Ama con puro cariño
A su doncel la beldad;
La líquida inmensidad
El pez de brillante escama;
Sus perfecciones Dios ama
Y el hombre, la libertad.

Yo la vi desfalleciente,
Ante Dios puesta de hinojos,
Con lágrimas en los ojos,
Con espinas en la frente;

Encadenada y doliente,
Cubrir de luto su faz;
Y por un héroe falaz,

Por más de un apóstol falso,
Pasar del trono al cadalso...
¡Envilecida... jamás!

En su honda melancolía
Devora su pena a solas,
Como devoran las olas
El rayo del mediodía;
Ella en su misma agonía
Su santa misión pregona,
Y tiene cuando perdona,
Como sultana o cautiva,
Por todo cetro la oliva,
Un triángulo por corona.

De la América señora,
Es en Bolívar altiva;
En Washington, progresiva,
Como en Lincoln, redentora;
En Barrundia, pensadora;
En Larrazábal, afán
De alejarse del titán
Que le impusiera sus leyes;
Festiva en el Padre Reyes
Y mártir en Morazán.

Con su benéfica influencia
Regenera las naciones,
Deifica los corazones
Y alumbra la inteligencia.
En su bendita existencia
Va derramando gloriosa
Con Soto la paz hermosa,
Su inteligencia y su calma;
Sus armonías con Palma,

Sus pensamientos con Rosa.

Palpita aquí donde estamos
En este solemne instante,
Como palpitó triunfante
En el Domingo de Ramos.
La sentimos y la amamos
Con infinita ternura,
Como ama una virgen pura
En sus dorados ensueños,
Los pensamientos risueños
De su primera ventura.

Tuvo su aurora inmortal
Tras una noche de horrores,
Y llenó de resplandores
Esta América Central.
La patria alegre y jovial
Pobló de himnos el espacio;
El sol tuvo por topacio
En su corona de estrellas,
Por alfombra, flores bellas
Y el limpio azul por palacio.

Es tan pura como el cielo,
Como la mar, majestuosa;
Cándida como una rosa,
Sublime como el consuelo.
Vestida de blanco velo,
En donde imprime su planta,
Algo grande se levanta
De la humanidad en bien,
Como Jesús en Belén,
Y en Hungría, Isabel santa.

Ella inspira del poeta
Las sentidas armonías,
Y las dulces melodías
Del desgraciado profeta;

En Cuba, al solio sujeta,
Agobiada de dolores,
Como una mártir de amores,
De la noche entre el capuz,
Los cánticos de la cruz
Inspira a sus trovadores.

Aquí, cual madre querida,
En sus rodillas nos duerme;
Allá, cansada o inerme,
Arrastra una amarga vida;
De gloria aquí revestida,
Ventura y bien atesora;
Misericordia allá implora
Al peso de pena tanta;
Aquí con sus hijos canta,
Allá con esclavos llora.

Dolorosa diferencia
Que arranca llanto del alma!...
Y tú en el destierro, Palma,
En pos de la independencia.
Tú pasas ¡ay! la existencia
Como el pájaro perdido
Que busca en extraño nido,
De su cantar al arrullo,
El dulce calor del suyo
Por la inclemencia destruido.

Levanta al cielo las manos,
Ten en Dios los ojos fijos;
¡Mira cuál lloran tus hijos!
¡Ve cuál mueren tus hermanos!
Oye los ayes lejanos
Que en las alas de la brisa
Envía al mundo, sumisa,
Esa infeliz procelaria,
Que desmaya solitaria
Entre humo, sangre y ceniza.

¡Infeliz! En tu semblante
La sonrisa jugar veo;
¿En dónde está, Prometeo,
Tu corazón palpitante?
¿Qué se hizo tu fe constante?
¿Tus lágrimas qué se han hecho?
¿O sonríes a despecho
De tus eternos agravios,
Dando esa miel a tus labios
Mientras desgarras el pecho?

No, no; tu sonrisa es pura,
Expresiva, humilde, franca,
Cual la sonrisa que arranca
El genio de la ventura;
Tiene la misma dulzura
Hoy que de glorias te bañas,
Que ayer que en notas extrañas
Cantabas de corazón
La primera Exposición
De la Patria de Cabañas.

Allí Honduras te escuchaba
Con inefable alegría;
De víctores te cubría,
De aplausos te coronaba;
Allí tu rostro brillaba
Ya sonriente, ya sereno;
Y tu acento, de amor lleno,
Resonaba en ese día,
Del aura con la armonía,
Con la majestad del trueno.

Entonces, en el exceso
De tu ardiente inspiración,
Profetizabas la unión,
Santificando el progreso.
Dios te escuche y guarde ileso

De esta patria el alto honor;
Que ella al brindarte, cantor,

Su inmarcesible laurel,
Dos cosas te ofrece en él:
Su admiración y su amor.
¡Recógelo! Es merecido,
Y colócalo en tu seno;
Que endulce un poco el veneno
Que el español te ha ofrecido,
Para que un día querido,
De tu patria, a los fulgores
De su libertad, implores
Olvido de penas tantas,
Lo coloques a sus plantas
Como una ofrenda de amores.

Las gracias, las hermosuras
Que en este salón respiran,
Por medio de Soto miran
Brindarte su premio, Honduras.
Ellas, en sus almas puras,
Victorean tu laúd;
Y toda la multitud,
De tus avances testigo,
Viene a decirte conmigo:
¡Salud, mil veces salud!

15 de septiembre de 1879.

EN LA MUERTE DE MARÍA ENCARNACIÓN VALLE

Y la encontré tendida sobre el lecho,
Con los brazos cruzados sobre el pecho
Y la mirada inmóvil, fija en Dios;
Ya mustia, silenciosa, casi inerte,
Parecía la imagen de la muerte,

Momentos antes del postrer adiós.

En su semblante frío, macilento,
Había ya grabado el sufrimiento
Todas sus huellas desde tiempo atrás.
De los claveles de sus labios rojos
Quedaban solamente los despojos,
Se había el néctar extinguido ya.

En los contornos de sus ojos bellos,
Pugnando con sus últimos destellos,
Las sombras desplegaban su capuz.
Revelaba su voz desfallecida
Las últimas miserias de la vida,
De la muerte, la prima beatitud.

Su negra cabellera descuidada,
Tendida sobre el lino de la almohada,
Hacía resaltar su palidez:
Semejante a la pálida azucena
Del tallo desprendida, y en la arena
Agostada, del sol al rayo cruel.

Casi al sellar su página postrera,
Invocando a su Dios con fe sincera,
La vida en sus entrañas concentró.
Nada sentía del mundano ruido,
Ni estremecióse al paternal gemido,
Ni conmovióse al fraternal dolor.

Así, sumida en insensible calma,
Pactó con Dios su libertad el alma
Y de nuevo a la vida apareció,
Sólo de "Madre" a modular el nombre
Y a apostrofar la ingratitud del hombre
Porque entonces morir no le dejó...

Poco después... imperceptible y lento,
Convulso el labio balbuceó un acento

Y su cuerpo midió la horizontal.
Vistió su rostro de color sombrío,
Y dando al mundo su cadáver frío,
El ánima escaló la eternidad.

Si tú, mi amiga, cariñosa y buena,
Hubieses presenciado aquella escena
En toda su terrible majestad;
Si hubieses visto la imponente calma
Del sacerdote preparando el alma
Al festín de la vida espiritual;

Y al fúnebre clamor de la campana,
Allí reunida sociedad cristiana
Clamando por la víctima perdón;
Y de una madre desolada y mustia
La inmensidad de su terrible angustia,
La plenitud de su inmortal dolor;

Comprenderías hasta dónde pudo
Con hórrido placer, bárbaro y rudo,
El sufrimiento acibarar su hiel;
Conocerías... lo que siempre el cielo
Quiera vedar a tu amoroso anhelo,
Quiera alejar de tu encantado Edén.

Mas ¡ay! también de la amargura insana
Has tenido una parte, porque hermana
Era en tu amor la mártir infeliz.
También tu corazón vistió de luto,
Y paga con sus lágrimas tributo
Y siente lastimar su cicatriz.

Al derramar tu llanto en mi presencia
Bañó mi faz glacial indiferencia
Y no pude tu pena consolar:
Es que mi mente, a la impresión sujeta,
La mansedumbre del dolor respeta
Y devora en silencio su pesar.

A MARÍA

Me preguntaste ayer si conocía
Al autor de los cantos a María,
Al infelice bardo del dolor,
Trémula el alma, palpitante el seno;
Mas con el rostro de sonrisas lleno,
Te contesté sin vacilar que no.

¿Por qué me interrogabas de ese modo,
Cuando mis ansias, mis delirios, todo
Estaba adormeciéndose en mi sér?
Cuando tras largo batallar rendido
Quedaba el corazón desfallecido
Sobre el frío sudario de la fe?

¡Ah! tú no sabes hasta dónde alcanza
La garra del dolor, si la esperanza
Esquiva apaga su postrer fulgor;
Si al descender a disfrutar la calma
Vuelve a rugir la tempestad del alma,
Vuelve a incendiarse el corazón de amor.

Embriagada tal vez en tu ventura
Ignoras que hay momentos de amargura
En que filtra sus hieles la aflicción;
Y que al ardor de una abrasante idea,
Bárbaro el infortunio, se recrea
En hacer imposible la ilusión.

¿Para qué tanto amor, delirio tanto,
Si al presenciar tu seductor encanto
Debo en silencio sofocar mi afán;
Y si el destino que de ti me aleja
Me ha vedado el consuelo de la queja,
Me ha negado el alivio de llorar?

Y es infinita mi pasión sincera;
¡No te puedo olvidar, aunque lo quiera!
¡No te puedo del ánima borrar!

Tu imagen sacrosanta y bendecida,
Presidiendo los actos de mi vida,
Ni durmiendo me deja descansar.

Dime, María, si en tus dulces horas
De apacible solaz, o cuando lloras
Hay algo que se agita en tu interior;
Si plácida en tu mente candorosa
Se levanta una imagen silenciosa
Y te ofrece su miel una ilusión.

Di si tu seno conmovido late
Al escuchar los cánticos de un vate,
Al mirar unos ojos que te ven;
Si sientes una extraña complacencia
Que derrama una luz en tu inocencia,
¡O mártir eres de tu casta fe!

¡Y te pregunto! Y busco tu mirada
Cuando no puedes contestarme nada,
No sabiendo quién eres ni quién soy.
Pero es que mi razón se desvanece,
Y en algunos momentos me parece
Que de hablarte de mí se encarga Dios.

Una noche de invierno, en una fiesta,
Tranquila, pura, angelical, modesta
Y extraña siendo al general placer,
Llegué a tu lado, y con cariño santo
Me diste un parabién... María, ¡cuánto,
Cuánto daño me hiciste esa vez!

¡Cuánto menos sufriera si el destino
Me hubiese retirado del camino
Por donde en triunfo, inmaculada vas!
O si la muerte con su mano fría
Hubiese terminado mi agonía
Poniendo ante mi ser la eternidad...

DESEOS

La flor de la ventura en tu albo seno
Derrame con placer su grata esencia,
Y cubra con sus alas tu inocencia
El ángel del Señor.
Del contento la plácida sonrisa
Constantemente entre tus labios juegue,
Y nunca en tu alma a aposentarse llegue
El genio del dolor.

Todas las gracias de tu ser, esclavas,
Vayan contigo a dondequier que fueres,
Y tesoros inmensos de placeres
Encuentres sin cesar;
De tu semblante angelical y bello
Nunca se apague el seductor encanto,
Y jamás una lágrima, el quebranto
Te obligue a derramar.

No llegue a sepultarse en el ocaso,
De tu felicidad el sol querido,
Dejando entre las sombras sumergido
Tu tierno corazón;
Ni un solo pensamiento de amargura
En tu ánima tranquila se levante,
Que arroje de improviso en tu semblante
Mortal consternación.

Cuando ante Dios unieres tu destino
Al destino del ser que esposo llames,
Que te ame tanto como tú le ames,
¡Que se adoren los dos!
Y cuando roto el hilo de tu vida,
Toda una eternidad esté delante,
Inmaculada el alma se levante
Hasta el seno de Dios.

EN UN BAILE

A la Srita. Dolores López

No sé si es blasfemar, pero yo creo
Que Dios de tus encantos se enamora,
Y que olvidado de los mundos vive
Contemplando tus gracias seductoras;

Yo sé que al darte vida sonreía,
Y que empeñó su omnipotencia toda
Para formarte cual ninguna, tierna,
Para formarte cual ninguna, hermosa.
Más pura que el azul del firmamento,
Más plácida que el rayo de la aurora,

Y aun más sensible que la humilde planta
Que "sensitiva" el Universo nombra.

Es poca la existencia para amarte,
La humanidad para adorarte es poca;
El hombre siempre al contemplarte sufre
Y al mismo tiempo en sus dolores goza;
Sufre al mirar la inmensidad que media
Entre él, insecto vil, y tú, paloma,
Cuánto puede sufrirse aquí en la tierra,
Cuánto puede gozarse allá en la gloria.

No vuelvas a los bailes,
No vuelvas, por favor,
Que allí se hace pedazos
Mi pobre corazón.

No vayas al paseo,
Ni al templo del Señor:
Tengo celos del mundo,
¡Tengo celos de Dios!

A J. J. PALMA

Sigue, mártir, tu camino;
Nada temas, ve adelante;
Al espíritu gigante
Jamás arredra el destino.
Hoy, cansado peregrino,
Bajo un cielo sin estrellas,
Vas recorriendo las huellas
Del dolor y del quebranto,
Y bautizando con llanto
Tus ilusiones más bellas.

Yo sé que como cubano,
Santificada y de hinojos,
Tienes el alma en los ojos
Y el corazón en la mano;
Sé que te agitas en vano
Por borrar de tu memoria
Esa dolorosa historia
De Cuba, la desgraciada,
Que busca, desventurada,
En sus martirios la gloria.

Tu pobre patria, esa ondina
Que tiene llanto por riego,
Prende en sus hijos el fuego
De la inspiración divina;
La sonrisa peregrina
En los labios seductores
De sus ángeles de amores,
En gracia y beldad rivales
Con las ninfas orientales,
Los céfiros y las flores.

Hoy con la amargura lidias
Y la proscripción te abate;
Yo te envidio como vate,
Tú como libre me envidias.
No temas hallar perfidias

En este pueblo pequeño,
En este nido risueño,
Do el extranjero es hermano,
Donde halló abierto el cubano
El corazón hondureño.

¡Ay! ¿Lloras? Contigo lloran
Cuantos respiran la vida
De la libertad querida,
Cuantos en el cielo moran.
Los que a tu patria devoran
Y con furor inaudito
Quieren hacer infinito
El martirio de esa flor,

Sobre un calvario bendito
Verán alzarse un Tabor.

Tú levantas hoy las manos
En actitud suplicante,
Porque miras palpitante
La sangre de tus hermanos.
Como tú, mil ciudadanos
Y cuantos aman el bien,
Apóstoles del Edén,
Sacerdotes de piedad,
Demandan la humanidad,
La independencia también.

Dios que mira el vasallaje
De esa paloma sin nido;
Que mira en sangre teñido
Su alabastrino plumaje;
Que entre las orlas de encaje
De un mar besando una cruz
Envía al mundo el Jesús
Que grita su corazón,
Le promete redención,
Vida nueva y nueva luz.

Entonces, para ese día,
Si estás de mi lado ausente,
Tendrás un templo en mi mente,
Mis brazos, si en compañía.
Compartirás tu alegría
Y tus placeres conmigo,
Como compartes, amigo,
Aquí do la frente inclinas,
Tu gran corona de espinas,
De tus dolores testigo.

A DOÑA CELESTINA DE SOTO

(Poesía recitada por su autor en un baile dedicado a dicha señora).

I

¡Y bien! De mi lira ignota
Que al dolor vibrara un día,
De fe, de amor, de alegría
Puedo arrancar una nota.
Quede ya la cuerda rota
Del amargo desencanto,
No se humedezca en el llanto
De los recuerdos de ayer,
Y deje a la mártir ver
El cielo tras el quebranto.

¡Modesta ninfa! Mirad
Con qué entusiasmo y ternura,
Con sonrisas la hermosura
Saluda a vuestra beldad.
Con candorosa humildad
Os brinda su corazón,
Y mira con emoción
Que en vuestra frente descansa,
Como el iris de la alianza,
Del cielo la bendición.

Yo encuentro en este festín
Torrentes mil de armonía;
Más luz que en el mediodía,
Más flores que en un jardín.
Aquí el mismo serafín
Con el arcángel se hermana;
Aquí de placer ufana
El ánima se estremece,
Y sus laureles ofrece
El bardo a su soberana.

Yo sé que habéis de ternura
Todo un tesoro en el alma;
Que del afecto la palma
Da sombra a vuestra ventura;
Que a vuestra rara hermosura
Superan los demás dones,
Pues vais en los corazones
Vertiendo con casto anhelo,
La viva luz del consuelo,
La miel de las ilusiones.

Tenéis luceros por ojos,
Do la modestia reposa;
Mejillas color de rosa
Y labios breves y rojos;
Jamás ni aun leves enojos
Vuestro semblante diseña,
Siempre apacible y risueña
El bien oponéis al mal,
Y servís de pedestal
A la esperanza hondureña.

II

De vuestro consorte en brazos
La fe popular descansa:
Él es el punto de alianza
De los sociales pedazos;

Él une con fuertes lazos
La dulce paz y el consuelo,
Y en su patriótico anhelo
Lleva sus obras tan alto,
Que puede llamarse un salto
De las tinieblas al cielo.

Nada temáis por su vida;
Dormid tranquila, señora:
De todas sus glorias cuida
La patria, robusto león.
En su obra de redención
No debe tener calvario,
Aunque intenten lo contrario
Las hidras de la ambición.

III

¡Oh, cómo! ¡Cuánto se goza
Si al grato son del laúd,
Despliega la juventud
Sus alas de mariposa!
¡Cómo despierta amorosa
La maga fiel del ensueño,
Y con su labio risueño
Murmura un nombre y señala
La perla de Guatemala
En el joyel hondureño!

¡Oh! ¡Cómo de hoy la memoria
Va a eternizarse en el alma!
¡Cómo de mirto y de palma
Va a coronarse la historia!
Aquí se siente la gloria
En cada palpitación.
A vos debe la ilusión
Poder agitar sus alas,
Las ninfas lucir sus galas
Y el bardo su inspiración.

Bajo otro cielo mejor
Encontraréis algún día,
Más goces, más alegría,
Pero nunca más amor.
El canto del ruiseñor
Os servirá de concierto;
Veréis un mundo cubierto
De pompa y gloria bien alta.
Pero siempre os harán falta
Las auras de este desierto.

Y se alza sacramentada
La diosa de la ventura.
Ella con su mano pura
Nos brinda su comunión;
Ella deja a la ilusión
Poner sus prismas en juego,
Y con sus labios de fuego
Besarnos el corazón.

Varios dignos caballeros
Ponen la lira en mi mano;
Yo en nombre de ellos, y ufano,
Vengo el festín a ofreceros;
En nombre de esos luceros,
La viva titilación;
De la hondureña Nación
La gratitud y la calma,
Y como flores del alma,
Del bardo la inspiración.

JULIO CÉSAR FORTÍN

JULIO CÉSAR FORTÍN

Nació en Yuscarán el 21 de marzo de 1866.

Trasladado a Tegucigalpa, recibió aquí la instrucción secundaria, habiéndose graduado de Bachiller en Ciencias y Letras en diciembre de 1886.

Pasó a Guatemala a estudiar Derecho, pero dejó los estudios para dedicarse al periodismo. En dicha ciudad formó parte de la redacción del periódico El Correo de la Tarde, que en 1890 fundó Rubén Darío, y después pasó a colaborar en El Diario de Centro América. En esos periódicos y en otros de aquella culta metrópoli dejó publicados muchos trabajos importantes, así en prosa como en verso, que algún día serán recogidos porque, a la vez que son honra de su nombre, son honra de su patria.

Las composiciones que aquí aparecen fueron los primeros frutos de su genial talento. Ellas son un recuerdo que, al partir para Guatemala, dejó al autor de este libro.

Fortín se suicidó en la Antigua Guatemala en 1894. ¡Pobre amigo! Hado adverso le perseguía implacable. Se entenebreció el horizonte de su vida, y a todos sus males puso término el cañón de una pistola.

ANTES Y AHORA

I

¿Eres la misma que en los balcones
Mi voz oías
En otros días,
Cuando impulsado por voz secreta
Te iba diciendo de mi alma inquieta
Las emociones?

¿Eres la misma cuya alba mano,
alegre, ufano,
yo acariciaba con manos frías
y temblorosas,
y en sus temblores tú comprendías,
entre otras cosas,
las ansias mías?

¿Eres la misma cuya voz suave
hirió mi oído,
como el gemido
que exhala el pecho tierno del ave,
como el susurro con que las flores
se dan sus besos embriagadores?

¿Eres la misma cuya mirada
dulce, inspirada,
vivo reflejo de tu alma pura,
borró las nieblas de mi amargura?

¿Es ese el mismo, tierno semblante,
dulce, halagüeño,
siempre risueño,
siempre constante,
que en otro tiempo feliz veía
con ojos fijos el alma mía?

¡No eres la misma! ¡Todo ha cambiado!
Hoy sólo encuentro tu indiferencia,
Que mi existencia
Marchitará;
Cual se marchitan todas las flores
En el estío,
Cuando la brisa, cuando el rocío
No van sus pétalos
A refrescar.

Murieron todas mis ilusiones,
Y en lontananza
Ya no diviso de mi esperanza
La viva estrella, ni su fulgor.
Hoy sólo llevo dentro mi pecho
El dolor rudo,
Que cruel, sañudo,
Va aguijoneando mi corazón.

Hoy lanzo al viento sentidas quejas
Y mis suspiros
Que van perdiéndose en raudos giros,
Y sé que nadie recogerá.
¡No hay un acento que me responda!
¡No hay una mano que, cariñosa,
Mi faz llorosa
Pueda enjugar!
¡Todo está triste, mudo y desierto!
Ya mi ventura

En amargura,
En desengaño cruel se trocó;
Ya mis ensueños color de rosa,
A mis quimeras, a mis visiones,
Mis esperanzas, mis ilusiones,
¡Sólo me resta decir adiós!

MIS VERSOS

Los acentos
de mi lira
que suspira
por tu amor,
sólo encierran
desencanto,
triste llanto
de dolor.

Son el eco
del gemido
de mi herido
corazón,
y te llevan
en sus giros
mis suspiros,
mi pasión.

Si volvieras
esos ojos
sin enojos
hacia mí,
¡cómo fueran
mis cantares
sin pesares
hasta ti!

Si me diese
tu sonrisa
cual la brisa
su frescor,
no llevaran
mis canciones
impresiones
de dolor.

Pero niegas
al cuitado

el ansiado
sonreír,
y por esto
sólo debes,
entre tanto,
triste llanto
recibir.

SUSPIROS, LÁGRIMAS, QUEJAS

Fuego circula en mis venas
desde el día en que te vi,
y mi corazón sentí
atado con las cadenas
de tus encantos, hurí.

Suspiros, lágrimas, quejas
yo te envío a cada instante
en alas del aura errante
que va a acariciar tus rejas
en movimiento constante.

¿Has por ventura escuchado
lo que dice mi suspiro?
Pues te dice el tenue enviado
que en la pasión, abrasado,
yo deliro.

Y cuando en alas del viento
te envío mi triste lloro,
te cuenta mi sentimiento
y te dice en suave acento
que te adoro.

Y las quejas que hoy te envío
convertidas en cantares,
te dicen, ídolo mío,
mi constante desvarío,
mis pesares.

Por eso, a cada momento,
recibirás un suspiro,
una lágrima, un lamento,
que te dirán cuánto siento,
que te amo y por ti deliro.

POR SABER FUMAR

—Si tú quieres llenar justos antojos
del hombre que te adora,
Un beso dame de tus labios rojos,
mujer encantadora...
Así Fabio decía
a la hechicera, angelical María;
y llena de rubor ella le dijo:

—No lo niego; es verdad, querido Fabio,
que ese tu ardiente labio
de mi labio está el beso reclamando;
y el corazón que te ama está ordenando
que a tus ruegos acceda,
mas, perdóname, Fabio, que no pueda,
porque ¡ay! ¡es grande apuro
dar un beso a un doncel que fuma puro!

21 DE MARZO
I

Veintiuna veces la tierra
ha dado vuelta conmigo
alrededor del sol hermoso
y radiante que ahora miro.

Veintiún años ha que viene
a morar entre los vivos,
a gozar en este mundo
o a cumplir mi cruel destino.

En un veintiuno de marzo
por mi daño fui nacido,
pues bien saben los católicos
que es día de San Benito.

Mal agüero, por supuesto,
traía el recién nacido:
San Benito fue muy negro,
sería negro su sino.

II

En mi niñez yo gozaba
cual se goza cuando niño,
cuando la dulce inocencia
nos arrulla adormecidos;

Cuando se ve todo el mundo
tras un prisma cristalino,
como un palacio encantado
donde habitan seres divinos;

Cuando se ignora que existen
las virtudes y los vicios,
y se cree todo es dulzuras
y placeres infinitos;

Cuando nada nos preocupa,
si no que no esté vacío
el depósito que "estómago"
se llama en todos los libros...

Siempre al recordar los días
de mi niñez he sufrido,
¡y cómo se deslizaron
sin quererlo, sin sentirlo!

III

Llegué a la edad agitada
de los locos desvaríos,

de las blancas ilusiones,
de anhelos y de suspiros;

 Edad en que nuestro pecho
se consume en fuego vivo,
y el corazón orgulloso:
"¡Este mundo —exclama— es mío!"

Forjé entonces en mi mente,
como dicen, mil castillos,
sin saber que eran de aquellos
que se hacen en el vacío.

Hermosísimas mujeres,
de mi vida en el camino,
me atrajeron con sus gracias,
sus encantos y atractivos,

Y en su amor yo busqué ansioso
un Edén, un paraíso,
busqué sus ojos humanos
que yo creía divinos.

Y quise que sus palabras
resonaran en mi oído,
como la voz de los ángeles
que cantan en el Empíreo;

Y quise que me dijesen,
al hablarme, mil idilios,
y repitieran mi nombre
sólo por ser nombre mío.

Sediento quise en sus labios
beber el licor divino,
la ambrosía deliciosa,
como en el cáliz de un lirio.

Y hallé mis gratos ensueños,
¡ay!, por fin desvanecidos,
cual se deshacen las nubes
que flotan en el vacío...

Si narrar me propusiera
los dolores que he sufrido,
un libro de gran volumen
hacerme fuera preciso.

Lloro, y con mi llanto al mundo
mis crueles pesares digo,
y nadie me compadece,
que ante ellos el mundo es frío.

Mis esperanzas son flores
que de mi alma se han caído,
palomas son que a perderse
fueron del viento en los giros.

Un erial es mi existencia,
es una flor sin rocío,
es opresora cadena
de dolor y de fastidio...

Pero... no más lamentarme,
que mis lamentos, alivio
no darán a las heridas
del doliente pecho mío.

Tal vez en ese mañana
que ver no me es permitido,
el sol me hallará gozando
de la calma que hoy ansío.
No me verá como ahora,
en mis dolores sumido,
llorando mi desventura
y mi desencanto frío.

21 de marzo de 1887.

VIDA Y MUERTE

Sobre el tallo flexible, en la mañana,
abre su cáliz la naciente rosa,
y un rayo ardiente que del sol emana
viene a dar vida a su corola hermosa.

Pero luego, implacable, le arrebata
su calor, el perfume que ha exhalado,
seca sus hojas, su frescura mata,
y se inclina la rosa por un lado.

Tal tus ojos me vieron un momento
e inundaron de luz el alma mía,
y hallé vida, hallé amor, hallé contento,
hallé entonces dulzura y armonía.

Pero después... mi corazón, marchito,
dejó la luz de tus radiantes ojos;
y llevo ahora en mi existir maldito
del corazón los fúnebres despojos.

¡ADIOS!

Con lágrimas te escribo los últimos lamentos
que lanza entristecido mi pobre corazón;
son tantos mis dolores, mis grandes sufrimientos,
que falta ya a mi lira la ardiente inspiración.

Buscaba tus sonrisas, buscaba tus miradas,
sumido en mil ensueños de glorias y de amor,
y encuentro destruidas, por siempre destrozadas,
mis bellas esperanzas; encuentro ¡ay! el dolor.

Encuentro decepciones que róbanme la vida,
encuentro solamente continuo padecer;
encuentro mi ventura por fin desvanecida,
encuentro tus desdenes en vez de tu querer.

Por eso ¡ay! alma mía, en lágrimas bañado,
transido por la pena más cruel y más atroz,
te digo para siempre, perdido, desdichado,
¡Adiós, alma de mi alma, adiós...! ¡Adiós, adiós!

No creas que te olvide el corazón que te ama,
doquier me lance el mundo en ráfaga veloz,
yo llevaré en mi pecho de amor la ardiente llama;
pero ¡ay! ¡alma de mi alma, adiós! ¡Adiós... adiós!

AYER Y HOY

I

Atenta ayer me mirabas,
Y al mirarme sonreías,
Y en tus ojos me decías,
Que me amabas.

¡Oh, qué dulces, qué halagüeños!
Fueron ayer mis ensueños.
¡Cuál veía en lontananza
Un paraíso de flores!
¡Cuál me daba sus fulgores
la esperanza!

II

Satisfechos mis antojos,
Del placer me vi en la cumbre,
Al incendiarme en la lumbre
De tus ojos.
¡Qué inmensa satisfacción
Llenaba mi corazón!
Ya no serían ficciones,
Ya no serían quimeras
Mis bellas y lisonjeras
Ilusiones.

III

Eso fue ayer... pero ahora...
¡Qué cambio! ¡Qué diferencia!
Hoy tu fría indiferencia
Me devora.
Hoy tomas mi amor a juego
Mientras me abraso en su fuego:
Me hiciste ver un momento
La dulce felicidad,
Y hoy me arrojas con crueldad
Al tormento.

IV

¿Qué fue lo de ayer? Falsía,
Mentira, visión, engaño,
Quimeras que, por mi daño,
Yo creía.
Realidad es lo de hoy:
Dolor que sufriendo voy
Mientras tú gozando vas;
Llena mi alma el hondo duelo,
Y sé que nunca consuelo
Le darás.

¿QUIÉN SOY YO?

I

Ave sin nido
Que errante vaga
Sola en el mundo;
La gota de agua
Que a su elemento
En hora infausta
Ha arrebatado
Del sol la llama;
Hoja marchita
Que de su rama
El viento lleva

Para arrastrarla
En todo el campo
Por donde pasa;
Ese es el hombre,
Mujer, que te ama.

II

Esa ave quiso un día
Quedarse prisionera;
Por ti, virgen amada,
Perder su libertad;
Por ver a cada instante
Tu faz tan hechicera,
Cantar a toda hora
Tu angélica beldad.

También quiso la gota,
En impalpable brisa,
Seguirte a todas partes,
Brindarte su frescor;
Jugar por donde juega
Tu célica sonrisa,
Y allí imprimir un beso
Purísimo de amor.

Y la hoja muerta vino
Rodeando tu hermosura,
Por ver si la existencia
Podríasle volver,
Sus fibras despertando
Con soplos de frescura,
Que frescos son tus labios,
Bellísima mujer.

Y tú con tus desdenes
Al ave y a la gota,
Sin atender sus ruegos,
Quisiste despedir;
También la pobre hojilla,

Que continúa ignota,
No pudo que tú, ingrata,

Le dieses el vivir.

III

El ave que en sus cantos
Sus mil desgracias llora,
Y la hoja que los vientos
Arrastran sin cesar,
La gota que ni un rayo
De tenue luz colora...
Ese es el desgraciado
Que siempre te ha de amar.

FÉLIX TEJADA

FELIX A. TEJADA

Nació en Olanchito el 30 de marzo de 1866.

Era hijo de don Leocadio Tejeda y de doña Juana Agurcia de Tejeda.

En 1883 se hallaba en Tegucigalpa, haciendo sus estudios de enseñanza secundaria en el Colegio Nacional, establecimiento dirigido a la sazón por el notable educacionista cubano don Tomás Estrada Palma.

En 1887 se trasladó Tejeda a Guatemala, en donde comenzó a hacer estudios de Abogado.

Durante su permanencia en aquella capital, escribió y publicó muchas composiciones en verso y valientes artículos de periódico que atrajeron sobre él la atención, hasta el punto de que uno de los departamentos de aquella República lo eligió Diputado al Congreso Legislativo.

De regreso a Honduras en 1895, fue nombrado Secretario de la Corte Suprema de Justicia, pasando en seguida a formar parte del Tribunal Superior de Cuentas.

El 19 de febrero de 1896, como a las cinco de la tarde, se paseaba solitario por la orilla izquierda del Río Grande, frente al baño llamado "El Carrizal". Luego se sentó en una piedra, sacó su revólver y, apuntándose al cielo de la boca, disparó. La muerte fue instantánea.

Sus restos fueron llevados al cementerio entre las lágrimas de sus desolados amigos.

LA POESÍA

Yo floto en la ondulante cabellera
De la aurora gentil y pregonera
Del sol que dora el firmamento azul,
Y viajo con los rayos ardorosos
Que atraviesan el éter cautelosos,
Envuelta con mi túnica de luz.

Vivo y palpito con creciente anhelo
En la azulada bóveda del cielo,
Y cabalgo en el bóreas bramador;
En la nube de nieves voladora
Sorprendo la mirada de la aurora
Y descubro el secreto del dolor.

Donde quiera que poso, un ser alienta;
En el seno fugaz de la tormenta
Soberbia y grande dibujada estoy.
Y cruzo los espacios siderales
En torrentes de luz, cual los ideales
Del firme y gigantesco soñador.

En la línea, en la sombra, en el espacio,
Cual reina universal tengo un palacio
Con techos de cristal y rosicler,
Y hundiendo la mirada a mi deseo
Descubro y palpo y complacida veo
Las varias formas que me dan el ser.

Nada se esconde a mi visual divina;
En el mentido azul de la colina
Habito tras el manto de ilusión,
Y desciendo del valle a la verdura
Cual la diosa fugaz de la hermosura,

Derramando el perfume y el amor.
Cruzando las montañas con la brisa,
Con los vagos rumores simpatiza
Mi espíritu ideal hecho de luz,
Y en la hoja, en la rama y en la fuente,
Rozando pasa mi serena frente,
Como aspirando al firmamento azul.

Me paseo en la bóveda del cielo,
Extendiendo el arcoíris de consuelo
Con que Dios presagiaba todo bien,
Y tomando mil formas caprichosas
Voy mezclada en la vida de las cosas
Forjando en todas ellas un edén.

En el astro la luz que parpadea
Apenas es remedo de la idea
De mi rica hermosura primordial;
Como el ángel me cubro con las alas
Y ciñen mis contornos regias galas
Con que adorno mi seno virginal.

Soy vida, soy calor, soy movimiento;
Con mi soplo inmortal infundo aliento
A todo lo que pierde su vigor;
Y basta mi presencia animadora
Para dar al océano seductora
Y terrible belleza en su furor.

Apacible y tranquila me presento
Ante el móvil y líquido elemento
Como dando confianza al corazón,
Pero luego soberbia y denodada
Muestro al mundo mi frente levantada
Al través del furor del aquilón.

En el alma del hombre soy deseo,
En el pecho gentil un devaneo

Que sigue los senderos del ideal:
Al amor y al deber se sacrifica,
Pero en ellos su ser se dignifica
Y se eleva a la vida espiritual.
Soy sensible, soy tierna y soñadora:
En el seno virginal de la que adora
Con alma ardiente, espiritual mujer,
Irradio en hermosura y gentileza,
Y pongo en sus facciones la belleza,
Eterna fuente de inmortal placer.

En el mármol soy luz con que ilumina
El sabio artista su creación divina
Tallada en formas de belleza ideal;
En el lienzo doy vida a los colores
Y formo los contornos seductores
Del alma del amor universal.

En la faz de la virgen soy risueña;
Con los tintes de rosa me hago dueña
Del tierno y voluptuoso corazón:
Recojo los suspiros de la amada

Formando en su mejilla delicada
Los esquivos deseos del pudor.

Todo se halla en mi seno concentrado;
Soy dueña universal de lo creado,
Del cielo y tierra, de la estrella y flor;
Cuando el dolor humano se subleva
Oculta y sola por doquier me lleva
Y doy belleza al inmortal dolor.

Mayo de 1895.

EN SU ÁLBUM

Las hojas primorosas de tu libro
Debieran contener alguna idea:
El lienzo de un artista enamorado
O el sueño deslumbrante de un poeta.
O formado con gotas de rocío,
En un modelo de inmortal belleza,
Un artístico cuadro, con el busto
De su adorable y delicada dueña;

Y ceñido por marco de esmeralda,
Reflejando en su fondo luz febea,
El vago resplandor de lumbre pura
Pondría el alma a su hermosura griega.

Esto digno sería de tu libro
Como cuadro de artística belleza.

Tegucigalpa: mayo de 1895.

CADENCIAS

El sol ya declina cayendo al ocaso
Y dora las cumbres con ígneo fulgor:
Que deje este cielo de azul y de nácar
Que aquí nos alumbran tus ojos de amor.

Se agrupan las nubes allá en occidente
Cual tenues capullos de blanco algodón;
Sonríen los astros, el orto sonríe;
Mas solo a tu lado sonriente yo estoy.

La brisa que pasa discurre ligera
Llevando en sus pliegues de un ritmo la voz:
Así de mi pecho que siempre te nombra
Se escapa un suspiro buscando tu amor.

Que el sol ya se esconda, que el cielo se empañe,
Que pasen las nubes de níveo color,
Que lloren los astros, que gima el oriente,
Que borren las sombras el vivo arrebol:

 Ya nada me asusta, ya nada me resta,
Si quiere la dicha formar nuestra unión,
¡Porque hay en tu rostro sonrisas más gratas
Que el cielo y los astros, las nubes y el sol!

EN UN ÁLBUM

La puerta del alcázar abierta está, señora;
Pasar pueden por ella, envueltos en la aurora,
Los seres impalpables que habitan en la luz:
De mármol son los muros, de lunas venecianas,
Dorados son los marcos de arábigas ventanas,
Y ostenta el cortinaje las perlas del Ormuz.

Profundo es el silencio que reina en los salones:
En círculos formados ostentan los sillones
El lujo incomparable que gasta el oriental.
La Alhambra le ha prestado sus ricas bordaduras,
La mano de un artista bellísimas figuras,
La nieve su blancura, reflejos el cristal.

Al beso matutino del alba cariñosa,
Las gotas de rocío se cuajan en la rosa,
Y en lágrimas de flores bañado está el jardín;
Esperan impacientes la mano alabastrina
Que pueda colocarlas en jarros de la China,
Llenando de fragancias el bello camarín.

Los pajes se atavían con rica vestidura,
Las damas camareras, radiantes de hermosura,
Cruzando los salones se agitan sin cesar;
Aguardan que del sueño despierte la sultana,
Pues saben que recibe, rayando la mañana,

A príncipes y bardos que vanla a visitar.

Ya acuden como en tropa de duendes soñadores
Los jóvenes apuestos, los dulces trovadores,
Y el bardo de las selvas, el triste ruiseñor.

Espléndida y radiosa principia la mañana:
La luz puebla los valles, el monte se engalana,
Y vibran en el alma las cuerdas del amor.

Los sueños encantados se agitan en la mente;
Rumores de las brisas, vapores de la fuente,
Infunden en los pechos ardor de juventud.
La diosa simpatía preside en el palacio,
Y vibran cual los coros que rompen el espacio,
Los cantos inmortales que ensalzan la virtud.

Aquí los pensamientos de luz y de pureza,
Los más hermosos cuadros que engendra la belleza,
Ideas cinceladas, prodigios del pincel,
Los versos del poeta que canta sus amores,
Esencias y perfumes de las vistosas flores
Que guarda en su inocencia blanquísimo papel.

Alcázar es su libro, de nieve revestido;
Los más caros afectos en él tienen su nido,
Y cantan como el ave la luz del nuevo sol.
En él nacen y crecen y viven inocentes,
Cual sueños virginales que vagan en las mentes,
Flotando en los celajes del más puro arrebol.

Tegucigalpa: 22 de octubre de 1895.

A ROSINDA

Cuando al vago reflejo de la aurora
Aparece una virgen solitaria,
Envuelta en los cendales vaporosos

De una penumbra que el oriente baña,
Parece que sueñan

Alegres las almas,
Parece que vuelven
Las dichas pasadas.
Cuando la alondra con su canto tierno
Anuncia la explosión de la mañana
Y despiertan las aves en sus nidos
Celebrando una fiesta alborozadas,
Entonces reciben
Los besos del alma
Los cerros, los valles,
Las verdes montañas,
Y todo lo anima
La nueva alborada.

Cuando se mira una mujer hermosa,
Tan hermosa de cuerpo como de alma,
Semejando la urna cristalina
Que en vez de perlas las virtudes guarda,
Entonces el pecho
De amores se inflama,
Con esa nobleza
De edades pasadas,
Y luego rendido
Se postra a sus plantas.

EN LA ÚLTIMA PÁGINA DE "MARÍA"

Eso es amar con sin igual ternura;
Eso es gozar la dicha apetecida;
Eso es formar en la ilusión la vida
Con los encantos que posee natura.

Eso es sufrir con indecible anhelo,
Eso es mojar en el amor el alma;
Eso es mirar desde la tierra un cielo

Do están la dicha y bendecida calma.

Eso es amar en tierno arrobamiento,
Conservando en el alma una armonía
Que flota en un oculto pensamiento:
De un alma superior la bizarría
Embriagada en su propio sentimiento.
Eso es tu amor, angelical María.

CONTRASTES

A MARÍA

¡Ah! ¡De las esperanzas
Vestidas de albos colores,
Cuando vuelan y atraviesan
Los variados horizontes!
Buscan unas imposibles,
Nadan otras en ficciones,
Y cual mariposas fúlgidas,
Son envueltas por la noche;
¡Y en la noche de las almas,
No nace el sol ni se pone!

Así exclamaba, María,
Mi corazón desacorde,
Cuando solo se encontraba,
Sin recuerdos, ni ilusiones:
Cuando la mano del tedio
Acalló sus pulsaciones
Y como un cadáver vivo,
En un féretro encontróse.

Lancé una mirada al mundo
Y fue la mirada torpe,
Porque en nada calmó
La ansiedad de sus dolores.

¿Has sentido las angustias
De los sueños de la noche,
Cuando furias infernales
Nos acometen feroces?
Cuando el puñal homicida
En nuestros pechos se acoge
Y salen del alma gritos
Profundos, desgarradores;

Cuando Luzbel, revestido
Con un iris de colores,
Realizando sus conquistas,
Es Atila de los hombres;
Cuando flotan en el aire
De los duendes las legiones
Y con manos insolentes
Nuestros párpados descorren,

Y surgiendo de improviso
Mundos de varios colores,
En océanos borrascosos
Se arrojan las ilusiones.
¡Así cayó mi esperanza
En los mares de la noche!

El canto de la tristeza
No tiene dulces acordes:
Conmueve con amarguras,
Se forma con decepciones;
Su desahogo son suspiros
Y el llanto que mudo corre,
Es el rocío que baña

Los dolientes corazones.
En las horas de silencio,
Cuando la quietud insomne,
Reflejos de luz divina
Nos deja ver en el orbe,

Al cielo le he preguntado
El porqué de mis dolores,
Y siempre mudo y sombrío
El cielo no me responde.
Pero tú llevas, María,
Las más gratas ilusiones;
Para ti son las sonrisas,
Los cantos de trovadores,
Y las notas de las liras
Y los sueños de los hombres.

Tú respiras los perfumes,
Las esencias de las flores,
Y formas de los gorjeos
Tus últimas distracciones.

La sonrisa de tus labios
Es un efluvio de amores,
Una fuente de poesías
Y frescas inspiraciones.
Para ti, lumbre del cielo,
Los mirajes y arreboles
Que la luz, con mano artista,
Reproduce en sus primores.

Los sueños de la ventura,
En sus más íntimos goces,
Les dan a tus pensamientos
Sus dulces fulguraciones.

Y cuando miro tus ojos
Velados por dos crespones
Que sirven de cortinaje
Al ángel de los amores,
El pensamiento importuno,
En sus impulsos veloces,
Quisiera llegar, María,
A tus secretas regiones
Y adivinar tus ensueños,

Tus ensueños interiores.

Dicen que tienen las niñas
Pensamientos tornasoles
De donde surgen los destellos
De sus suaves impresiones;
Si yo retratar pudiera,
Con un iris de colores,
Las pulsaciones ocultas
Del mundo que tú conoces,
Las dejaría en tu libro,
En tu libro de impresiones.

Perdona si ya he vertido
Las notas de mis dolores,
En tu libro consagrado
A recoger ovaciones;
Mas tu bondad es inmensa,
Y creo que las acoges
Con esa dulce ternura
Que en tu corazón escondes.

Tegucigalpa: 9 de febrero de 1896.

JOSÉ ANTONIO DOMÍNGEZ

JOSÉ ANTONIO DOMÍNGUEZ

Nació en Juticalpa el 2 de febrero de 1868; en esa misma ciudad se suicidó el 5 de abril de 1903. Maestro y abogado. Fue viceministro de Instrucción Pública y de Justicia. Uno de los mayores exponentes de la llamada Generación Romántica de Joaquín Palma, el exiliado cubano que publicó el primer libro de poesía en Honduras, en tiempos de la Reforma Liberal. Publicó el Himno a la materia y otros poemas.

¿POR QUÉ SE MATÓ DOMÍNGUEZ?

Por JUAN RAMÓN MOLINA

Diversos factores, casi todos psicológicos, contribuyeron al trágico fin de este noble y distinguido hondureño, para quien sus amigos, aunque tardíamente, empiezan a tejer una corona.

El medio circundante.— En un ambiente como el nuestro, de sorda agresión o de indiferencia, el intelectual de veras tiene dos escapatorias para librarse de la muerte por asfixia: o se aísla soberbiamente en su cima, envuelto en su nube, de tal modo que no se digne ver a los genios municipales, acaparadores de gloria barata y al por menor: o les degüella —como si fuesen carneros de un holocausto propiciatorio al arte— sobre su altar de ripios, pacientemente acumulados. Domínguez era demasiado humilde para tomar las actitudes de un Dios, y profundamente altruista para hacerle mal al prójimo, aunque éste fuera un abominable letrado, que es, más que el robo o asesinato con alevosía, el peor delito que puede cometer un hombre. Tuvo las alas del gran pájaro de rapiña, mas no el pico ni las garras. Ni el grito, ni tampoco el ímpetu... Grave debilidad en un país de caracteres duros, en donde no existe más que una piedad relativa, y donde el mérito, en lo general, se mide por el buen éxito logrado.

Carencia de horizontes definidos.— Cuando el hombre llega a la solemne edad de los treinta años, está en el deber de orientarse definitivamente, consultando el oráculo de su corazón. Es el momento en que los sueños y las ambiciones de la primera juventud adquieran formas plásticas y verdaderas. El amor, la política, la gloria literaria, el acaparamiento de riquezas, son motivos para vivir intensamente, tal como Roosevelt lo aconseja y ejercita. Vivir por algo y para algo: para las ciencias y las letras, para el amor de una mujer, para los negocios de Estado, para atesorar: pero tener un interés en cualquier cosa, un anhelo con rumbo fijo.

Domínguez llegó, en sus últimos tiempos, a una indiferencia absoluta por las cosas ambientes, a una especie de kief contemplativo. Síntoma funesto y mortal, primer acto de la tragedia que terminó con su negra y aciaga muerte. Recuerdo haberle oído recitar esta poesía de Peter Altenberg, saturada de espíritu decadente, glorificación de la impotencia, que esconde una paradoja contra la vida y que resume el estado agónico de su ser moral, en aquellos tristes días en que la sombra empezaba a envolverle:

> Perdono al hombre todo,
> menos la lucha estéril! En silencio
> cubre tu faz ¡oh César de la vida!
> cuando ese Bruto pálido —la Suerte—
> ágil, feroz, certero,
> entre tu corazón hunda el acero.
> Quedad, esfuerzos vanos,
> para la hembra, esclava de la vida,
> que si rompe la tabla carcomida
> y se despeña en negro paroxismo,
> crispa sus manos débiles
> como para agarrarse del abismo.

Asimilación mental deletérea.— Las lecturas malsanas y disolventes de que nos hemos impregnado todos los jóvenes cerebrales de la América Latina, contribuyeron poderosamente a su desnivelación moral. Recuérdese el caso idéntico de José Asunción Silva, poeta de un sentimentalismo morboso, extraviado en una filosofía dolorosa y sensual, que le condujo lógicamente a la liberación voluntaria.

Tales lecturas deben tomarse como simples deportes, no como guías mentales, porque llevan a la deserción de la lucha por la vida, al aniquilamiento del yo, al nirvana total. Todos nosotros —los que vivimos cerebralmente— hemos sentido, aunque sólo sea por un breve lapso, lo que expresa un alejandrino mío: horror por la natura y espanto por la vida.

Mas, a pesar de eso, pocos hemos hecho, como nuestro lamentable amigo, un código moral del pesimismo.

Ideales políticos y religiosos. —Domínguez fue un poeta esencialmente idealista, en un tiempo en que la poesía, por su roce más íntimo con la ciencia, tiende a ser profundamente real, sin que por eso pierda su color o sensibilidad. Tuvo un horizonte poético vago e indefinido, sin relieves visibles. Como que fue —no me cabe duda— un poeta de transición, de escorzo, de tipo intermedio... Quizás su desdén, característico en él, de la gloria intelectual y especialmente local fue causa de que no mostrase todas las riquezas que escondía su alma, cerrada como la cueva aquella de Las mil y una noches, ante la cual no hubo una mujer que pronunciase el mágico ¡Sésamo: ábrete!

Creo que Domínguez fue cristiano hasta la médula de los huesos, es decir, hombre manso de espíritu, de un estoicismo sentimental, sin agresiones ni protestas.

Recuerdo que en un momento de intimidad me refirió cómo, obligado una vez a disparar su rifle en la revolución de 1894, lo hizo mirando a otra parte para no apuntar a nadie. Este caso, que es casi el mismo de un personaje de El mal del siglo, de Nordau, muestra el gran fondo de altruismo de aquel corazón magnánimo, enemigo en una época de fuerza y exterminio, de la fuerza y del exterminio. Tal hombre, con semejantes ideas es una especie de paloma entre aves de presa, y desde luego está condenado a perecer tarde o temprano, víctima de los demás o de él mismo. En este bajo mundo, de perpetuas luchas y feroces instintos, o se es verdugo o se es víctima. O mata uno, o le matan. Darwin se encarga del resto de la explicación.

En estas líneas sólo trato de las causas que, en mi sentir, aniquilaron aquella noble y brillante inteligencia, impeliéndole al suicidio. Otra vez, con más calma, analizaré su producción intelectual.

MI MAESTRO DOMÍNGUEZ

Por JULIÁN LÓPEZ PINEDA

Conocí a este elegante soñador, mi profesor de Literatura Preceptiva en 1898. Joven de veintisiete años, abogado, subsecretario de Relaciones Exteriores y después magistrado en una de las Cortes de Apelaciones. Vestía impecablemente, siempre de jacquet gris o negro, que concordaba con su distinción, su elegancia, su estatura, su cuerpo delgado y de líneas sobrias.

Era del grupo de jóvenes intelectuales que acompañaron a otro joven idealista y revolucionario, el doctor Policarpo Bonilla, que entrara triunfante a Tegucigalpa después de tres hecatombes ofrecidas a la libertad, de 1892 a 1894.

Era de la prosapia de Francisco Cálix h., José María Gutiérrez, Marcos y Tiburcio Carías Andino, Julio César Durón, Inés Navarro, Julio César Fortín y otros muchachos luchadores que anduvieron cerca de la muerte en las épicas jornadas por la libertad.

Y, a pesar de su temperamento huraño, melancólico y delicado, a pesar de su educación refinada que le asignaba un sitio en los salones galantes, su espíritu de poeta se vio contagiado por el patriotismo belicoso de la época, y exaltó a la patria en estrofas ardientes y vibrantes, como las de su Himno Nacional, que por algunos años se cantó en las escuelas como Himno de Honduras.

He aquí una de aquellas estrofas:

Los que libres patriotas nacimos
la cerviz no inclinamos al yugo;
no tenemos ni rey ni verdugo,
no tenemos los libres, Señor.
Nuestra sola deidad es la patria,
nuestro culto sus santos derechos,
y no acatan más ley nuestros pechos
que el deber, la justicia, el honor.
El coro es la siguiente cuarteta:

Compatriotas, de Honduras los fueros
con la vida sepamos guardar:
si hay tiranos, también hay aceros,
y es de libres tan solo triunfar.

En José Antonio Domínguez no se nota la influencia del llamado modernismo que se iniciara de 1880 a 1890, que llegó a su plenitud con Rubén Darío en 1896, cuando éste publicara su libro Prosas Profanas, que pudiera llamarse el breviario de los nuevos aedas en el mundo de habla española.

El verso de Domínguez es de factura clásica, y conserva en su plenitud el ritmo de sonoridades fastuosas de Zorrilla, de Espronceda, de Quintana, dentro del más puro romanticismo, que era pauta lírica de la época.

La desconcertante innovación de José Asunción Silva, de Francisco Gavidia, de Gutiérrez Nájera, de Julián del Casal, sellada con el genio de Rubén Darío, quien introdujo en el verso castellano el ritmo grácil del verso francés, no ejerció ninguna influencia en la obra de Domínguez ni en la de los otros poetas de su generación, exceptuando a Juan Ramón Molina, quien, sin seguir a Darío ni a ninguno de los nuevos Mesías del Parnaso, aunque sin desconocerlos, ostentara un modernismo auténtico en sus poemas coloreados de savia nueva y en sus prosas de un ritmo renovado.

Es indudable que Domínguez, tierno y sensitivo hasta el delirio, fue víctima de una pasión amorosa, en su temprana juventud, pasión que culminara en una incurable decepción, la cual acaso le alejó para el resto de sus días de todo contacto pasional, asqueado de la vida, arrebujado en un negro pesimismo.

Véase en seguida su soneto Amorosa, que es un dechado de romanticismo puro, un expresivo mensaje de refinamiento y delicadeza, un homenaje que se deshoja, como un madrigal, a los pies de la amada.

Yo te he visto en esa hora fugitiva
en que la tarde a desmayar empieza,
doblar cual lirio enfermo la cabeza,
la cabeza adorable y pensativa.

Y entonces, más que nunca, sugestiva,
se ha mostrado a mis ojos tu belleza,
como en un claro-oscuro de tristeza
con palidez de luna que cautiva.
Y es que en tu corazón antes dormido,
el ave del amor ha hecho su nido
y entona su dulcísimo cantar.
Y al escucharle, en ondas de ternura,
languidece de ensueños tu hermosura
como un suave crepúsculo en el mar.

Cuando yo le conocí, era Domínguez un desarraigado de la vida corriente, un misántropo, un misterioso espíritu que, errando por las calles de Tegucigalpa, daba la impresión de un descentrado, cuya melancolía le alejaba del mundano ruido y cuyo pensamiento parecía una rotunda aspiración al infinito. Rara psicología la de este gran poeta. Su decepción amorosa fue para todos sus amigos un secreto cerrado. Jamás se supo la causa de su mal. Porque no puede haber sido la negación, el estrujamiento de su ensueño, por no haber llegado a una materialización tangible, pues en su precioso romance Idilio hay una revelación que anuncia el triunfo de su amor encendido bajo las alas de la noche cómplice.

Con sus ojos, tan grandes como azules,
clavados en los míos con fijeza
y con sus rubios, destrenzados bucles
sobre sus hombros de nevada seda,
allí a mi lado, en tan dichosa tarde
de sueños y de amor ¡quién lo creyera!
me parecía al verla, enajenado,
entre la mate opacidad de perlas,
una de aquellas rubias hermosísimas
cautivas en obscuras fortalezas,
a quienes nobles y garridos mozos,
al son de su laúd, en triste endecha,
a la luz de los astros que titilan,
en altas horas de la noche quieta,
cantaban inspirados sus amores
bajo el balcón de las caladas rejas.

Yo la miré extasiado: entre las mías
sus manos de alabastro cogí trémulas,
y tímido, convulso y delirante
llevé a sus labios
los míos de pasión enardecidos,
donde, como en un cáliz de pureza, los besos que dormían
despertaron para aletear sobre los besos de ella.

La misteriosa noche poco a poco
nos fue cubriendo con sus alas negras:
el mundo se perdió a nuestras miradas,
el cielo mismo descendió a la tierra,
y ya no me pidió romances tristes
de donceles y rubias prisioneras.

Esta poesía amorosa y optimista data de 1894, cuando el poeta contaba 25 años de edad.

Después, sin que pasara mucho tiempo, el alma generosa y noble del poeta debe haber recibido un rudo golpe, la decepción incurable de que antes he hablado, y abandonó su poesía llena de claridades celestes y, adoptando un nuevo canon de vida, reclama la abolición del culto de Eros y les señala un puesto de combate a los portaliras en las lides sociales.

Una nueva faz del revolucionario que había en él. He aquí su nuevo evangelio, en el soneto La Musa Heroica:

Si quieres que tu canto digno sea
de tu misión, del siglo y de la fama,
no derroches el estro que te inflama
en dulce pero inútil melopea.

Lanza las flechas de oro de la idea;
depón el culto de Eros y proclama
otro mejor. La lucha te reclama:
yérguete altivo en la social pelea.

No enerves tu vigor con el desmayo
del femenil deliquio. Ya no es hora
de lágrimas y besos. Doquier mira:

Hoy la estrofa compite con el rayo,
la inspiración es lava redentora
y clava en manos de Hércules la lira.

En este nuevo rumbo que les está señalando a los poetas, se insinúa la lucha por las reivindicaciones sociales, la cual en aquel tiempo no tenía sentido en Centroamérica. No se trataba de la lucha por la libertad de Honduras, pues ésta ya se había obtenido y proclamado con el triunfo de la revolución liberal el 22 de febrero de 1894.

Se trataba de una visión del poeta, de un llamamiento a los espíritus superiores, a los hombres de la lira, para que aplicaran su estro a la redención de las masas, a la constitución de una nueva sociedad que el liberalismo triunfante era incapaz de avizorar con los ojos opacos de una revolución sin contenido social y humano.

Esta visión del poeta, surgida entre las espesas tinieblas de la época, es un caso de la videncia atribuida a los hijos de Apolo. Al llamamiento de aquel iluminado han acudido en toda la América numerosos combatientes que han clavado su lira en manos de Hércules y que están librando la gran batalla por la humanidad. Es la legión de poetas revolucionarios, cuyo canto agorero no tendría sentido si no vibraran en él los dolores de la humanidad irredenta.

Es el único poeta hondureño en cuyo espíritu se anticipara un rayo de redención, la divina mónada desprendida de los más remotos círculos interplanetarios, para realizar su evolución en la Tierra.

No fue Domínguez un romántico lacrimoso. Sobrellevó sus grandes dolores, sin mezclarlos a la creación de la belleza, manteniendo en alto la dignidad de la poesía, sin humedecer la gracia pura del verso con la salobre vacuidad del llanto.

Su sentimentalismo es decoroso y sutil, como una evocación de remotos interiores donde la belleza perdura y se impone con una vibración consciente y eterna.

Su estetismo casi frío y marmóreo es un caso singular en el tiempo en que vivió aquel incomprendido portalira, sobre todo en un medio como el de Honduras, donde solamente se escucharon los sollozos y las quejas de una generación enfermiza que no concebía el arte sin lágrimas.

Su concepción del Arte puede vislumbrarse en el siguiente soneto:

Yo me imagino el Arte como un lago risueño
cuyas azules ondas reflejan lo ideal,
y donde en el esquife rosado del Ensueño
va el alma del poeta con sed de lo inmortal.

La ven bogar los cisnes de suave albor sedeño,
la arrullan los registros del aura musical;
y en tanto que así cruzan con amoroso empeño,
entonan un canto de oro dulcísimo y triunfal.

De pronto, entre las olas, ve el alma del poeta
surgir de una hermosura la mágica silueta,
como del mar un día la diosa del Amor.

Ante ella, al contemplarla, con éxtasis se inclina;
y, mientras que un radioso destello la ilumina,
la ninfa Gloria besa la frente del cantor.

Y va en seguida una muestra de su estetismo marmóreo:

Me agrada el clasicismo de la forma,
la corrección de líneas del trasunto,
la muelle morbidez de los contornos
y el relieve curvado de los músculos;
la frígida expresión de los perfiles
que animados parecen y están mudos;
el tesoro dormido de las gracias
y el nevado candor, casto y desnudo,
que en el bloque de mármol transformado
al golpe del cincel, diestro y fecundo,
ostenta la estatuaria en la flamante
radiosa encarnación de un cuerpo ebúrneo:
Como que tiene la materia tosca
un resplandor de lo divino oculto
que sorprende la mano del artista
y lo presenta deslumbrante al mundo.
Como que existe un fondo de hermosura,
de santidad y sensualismo puro
que, como alma de todo lo terreno,

emerge alado, incitador efluvio.
La armonía que oculta y cabrillea
acaricia al contacto y tiembla el pulso,
y con su hechizo lánguido que arroba
tienta al deseo y predispone al culto.

Una de las facetas de este gran poeta olvidado, que no se encuentra en otros de su tiempo y quizá tampoco en los que lo siguieron y figuraron o figuran en la pléyade modernista, es la majestad sonora, el resplandor homérico, el soplo épico, la hondura cósmica, el atrevido vuelo al infinito, descorriendo velos y ofreciendo en su complejidad maravillosa la realidad desoladora del destino humano.

En su poema cosmogónico Himno a la Materia, se revelan al desnudo la filosofía cruel a que le había conducido su ciencia, el vacío pavoroso de la existencia humana, la inutilidad del esfuerzo creador, la desintegración de la vida de los astros como del último infusorio, el espanto de no ser, la inconsistencia de la fe y la ilusión de la muerte.

De ahí su pesimismo negro, su desencanto fúnebre, su indiferencia silenciosa ante el espectáculo de la vida humana, el desgarramiento trágico de sus esperanzas, la fría tiniebla que ensombreciera su espíritu y la visión perenne de su fracaso en el mundo. Quisiéramos insertar íntegro en este breve estudio el poema Himno a la Materia, tan hondo y hermoso. Pero temo fatigar a los lectores, y solamente copiaré algunos pasajes que dan idea de este monumento de nuestra poesía y que muestran en plenitud el alma sangrante del poeta.

¡Oh, materia sublime, eterna y varia,
que con el gran prodigio de tu esencia
y el arcano infinito de tus formas,
como madre perenne siempre joven
a quien su propia fuerza fecundara,
llenas la inmensidad del Universo
y eres causa y efecto misterioso
de cuantos seres bullen y rebullen
con aspecto de vida en los espacios
donde los vastos mundos y los soles
que por la noche brillan como antorchas
suspensas en el éter cristalino,

hasta los invisibles infusorios
que habitan en miríadas y millones
en el fondo irisado de una gota de rocío!

¡Oh prolífica y sagrada
materia que en el vasto mecanismo
de la augusta creación tienes tu imperio
de omnímodo poder, y a todas horas
ordenas y ejecutas por ti misma
las leyes admirables que presiden
la vida universal, diversa siempre
del coro de criaturas que en ti nacen
y a ti vuelven al fin: obras perfectas
en cuanto cabe serlo en lo infinito,
que ora inmensas cual moles desmedidas,
ora medianas, ora imperceptibles,
de ti el cuerpo reciben y el aliento
que sujeta sus órganos y hace
que cumplan por lo menos el destino
de nacer y morir!

En ti reside,
de ti dimana y hacia ti refluye
la vida universal que no se agota
y es como inmenso genesíaco río
que al recorrer tu seno lo fecunda,
porque lleva en sus ondas la simiente
de que brotan en mágicos regueros
las vidas de que surgen nuevas vidas
que al llenar su misión dejan el germen
de nuevos seres...

Tú eres lo único eterno, tú no acabas,
tú no aumentas, tú no disminuyes:
eres principio y fin de cuanto existe,
de ti depende todo y a ti torna.

Cuanto alienta,
lo mismo en lo pequeño que en lo grande,

está sujeto al tiempo: vive y muere,
es decir, se transforma y en ti queda,
pues la vida del ser sólo es fenómeno
de resplandor fugaz. Los mismos soles
y los mundos de fábrica tan sólida
tienen su fin: tras incontables años
llega el día en que extinto su calórico,
giran en los espacios insondables,
cadáveres helados e insepultos,
en tanto que quizás en otros cielos
nuevos mundos se forman donde pronto
brotarán nuevos seres.

Lo que el hombre
llama muerte y la teme a cada instante,
es sólo una apariencia, un accidente
que prepara ¡oh materia! tus desechos
a nuevos organismos...

La muerte para ti sólo es acaso
como un abono que te das tú misma,
tal vez por mantener ágil e incólume
de tu vigor el germen,
o quizá como un baño en cuyas aguas
rejuveneces tus gigantes miembros
por los que corre la pujante y nueva
savia de eternidad...

Eres tan grande, en realidad tan grande,
que delante de ti todo es pequeño.
¡Y pensar que muy pronto yo, si acaso
soy átomo que piensa porque vive,
dejaré de alentar para perderme
y fundirme en tu seno hecho partículas
que al combinarse darán vida luego,
ora a viles insectos y gusanos,
ora a yerbas y arbustos!
¡Pensar que este fenómeno radiante
de mi vida infeliz ha de extinguirse

cual si no hubiese sido!

Por el año 1900, siendo yo estudiante, vivía en un cuarto contiguo al que ocupara Domínguez, en la casa donde se halla actualmente la Agencia Fasquelle. En ese tiempo, según creo, era víctima de una neurosis profunda que lindaba con la locura. Cierto día hablábamos de Honduras Literaria, segundo tomo, que había publicado recientemente el Dr. Rómulo E. Durón.

—Siento vergüenza —me dijo—. ¿Por qué mi amigo Durón ha tomado para su libro varias de mis composiciones destinadas al olvido? Yo no agradezco la distinción de habérseme incluido entre los poetas de Honduras. Yo no soy poeta.

En otra ocasión, habiéndole preguntado por qué no escribía novelas, me dijo:

—En este país no se puede ser novelista. El medio es cruel. A pesar de ello, me gustaría escribir una novela nacional, pujante y eterna. Pero me faltan fuerzas. Mi vida ya se está despidiendo.

En otro de nuestros encuentros ocasionales, el poeta me hizo entrar a su cuarto, y me habló así:

—Oigo una voz, una música lejana, ultraterrena, cuyas melodías van más allá de Mozart y de Beethoven, una música angélica cuyas armonías repiten: "tú no eres poeta"...

Semanas después de esta triste declaración, en la que cruzaba la sombra de Maupassant, me llamó a su cuarto, y mostrándome una tarjeta manuscrita, me dijo:

—Vea usted, amigo, ¿qué le parece?

Leía acongojado lo siguiente:

"Señor: tengo el honor de participar a usted que hoy a las 10 a.m. puso fin a sus días el joven poeta José Antonio Domínguez. Agradecería la asistencia de usted a los funerales mañana a las 4 p.m. De usted atento servidor. José Antonio Domínguez".

La locura había realizado su obra.

En 1901, por ruegos de sus amigos, se trasladó a Juticalpa, su ciudad natal, donde, según se supo en Tegucigalpa, había recobrado su salud, y hasta tomó participación en la lucha electoral de 1902, demostrando cordura y lucidez. Pero acaso la pérdida de su causa política afectó tan hondamente su temperamento sensitivo, que no pudo resistir a la tentación de suprimir su existencia, y como el rey-poeta Luis II de Baviera, "puso fin a su imperio en el mundo".

HIMNO A LA MATERIA

¡Oh, materia sublime, eterna y varia,
que con el gran prodigio de tu esencia
y el arcano infinito de tus formas
como madre perenne, siempre joven
a quien su propia fuerza fecundara,
llenas la inmensidad del Universo
y eres causa y efecto misterioso
de cuantos seres bullen y rebullen
con aspecto de vida en los espacios,
desde los vastos mundos y los soles
que por la noche brillan como antorchas
suspensas en el éter cristalino,
hasta los invisibles infusorios
que habitan en miríadas y millones
en el fondo irisado de una gota
de rocío...!

¡Oh, prolífica y sagrada
materia que en el vasto mecanismo
de la augusta creación tienes tu imperio
de onmímodo poder, y a todas horas
ordenas y ejecutas por ti misma
las leyes admirables que presiden
la vida universal, diversa siempre
del coro de criaturas que en ti nacen
y a ti vuelven al fin: obras perfectas
en cuanto cabe serlo en lo infinito,
que ora inmensas cual moles desmedidas,
ora medianas, ora imperceptibles,
de ti el cuerpo reciben y el aliento
que sujeta sus órganos y hace
que cumplan por lo menos el destino
de nacer y morir!

¡Salve mil veces
oh, materia infinita y soberana!
De la que surge sin cesar creadora,
ordenándolo todo con maestría,
la fuerza, ese milagro portentoso,
especial de alma-mater de tu seno
que incontrastable, inteligente y pura,
cual si Dios mismo su poder rigiese
produce los fenómenos más grandes,
combina los agentes más fecundos,
da vida a los primarios elementos
y organiza la vida de los seres
que brotan de los mundos, de igual modo
que hace que giren éstos en sus órbitas,
por la atracción tan solo suspendidos
alrededor del sol!

En ti reside,
de ti dimana y hacia ti refluye
la vida universal que no se agota
y es como inmenso genesiaco río
que al recorrer su seno lo fecunda,
porque lleva en sus ondas la simiente
de que brotan en mágicos regueros
las vidas de que surgen nuevas vidas,
que al llenar su misión dejan el germen
de nuevos seres que al vivir difunden:
porque en el laboratorio de lo creado
en tanto que unos mueren otros nacen
y la vida se extiende y se derrama
buscando nuevos moldes y por último
se transforma y renace de la muerte
cual fabuloso Fénix.

¡Oh, materia!
Tú eres lo único eterno; tú no acabas:
tú no aumentas, tú no disminuyes:
eres principio y fin de cuanto existe;
de ti depende todo y a ti torna.

Eres la misma aunque diversa siempre,
pues tu esencia suprema, indestructible,
es tan compleja y a la vez tan una
que recorre una escala interminable,
de formas, de organismos y de vidas,
y en labor incesante por doquiera
renueva sus creaciones y persiste
esparciendo destellos de sí misma
que encarnan nuevas vidas cual si fueses
¡oh, materia! alma y vida del gran todo
llamado Creación.

Tú solamente
no has tenido alborada ni podrías
tener jamás ocaso. Cuanto alienta
lo mismo en lo pequeño que en lo grande
está sujeto al tiempo: vive y muere:
es decir, se transforma y en ti queda:
pues la vida del ser solo es fenómeno
de resplandor fugaz. Los mismos
soles y los mundos de fábrica tan sólida
tienen su fin; tras incontables años
llega el día en que extinto su calórico
giran en los espacios insondables
cadáveres helados e insepultos,
en tanto que quizás en otros cielos
nuevos mundos se forman donde pronto
brotarán nuevos seres.

¡Oh, prodigio!
Mas si la vida individual es breve
y pasa como sueños y luego se hunde
en la noche espantosa del olvido,
no es así la vida universal. En vano
la muerte apaga con su helado aliento
las llamas de la vida una tras otra.
Una vida en verdad es casi nada;
pero el conjunto inmenso de las vidas
que forman el vastísismo Universo

eso es algo magnífico y grandioso
que no puede abarcar el pensamiento,
que no puede extinguir soplo ninguno,
que a todo cataclismo sobrenada
y en inmortal cadena se prolonga
llenando lo infinito.

Lo que el hombre
llama muerte y la teme a cada instante,
es solo una apariencia, un accidente
que prepara ¡oh, materia! tus desechos
a nuevos organismos, sin que pueda
amenguar el poder de tus creaciones
porque previsto se halla y mucho sirve
en el plan colosal de sus sistemas.
La muerte para ti solo es acaso
como un abono que te das a ti misma
tal vez por mantener ágil e incólume
de tu vigor el germen patentísimo;
o quizás como un baño en cuyas aguas
rejuveneces tus gigantes miembros
por cuyas venas corre siempre nueva
savia de eternidad.

La muerte nunca
destruye, ni podrá de modo alguno
la más mínima parte de tu masa;
ella es quizá el agente más activo
que en el taller más inmenso de los seres
esparce los raudales de la vida
que de ti mana en incansables ondas.

Ella no mata; en realidad divide,
y separa elementos que bien pronto,
al combinarse en prodigiosas mezclas,
dan vida inesperada y repentina
a extraños organismos que se forman
como por ley fatal, pero que es siempre
la providencia eterna de las cosas

que también es corono deslumbrante
de sus grandes virtudes.

¡Oh, materia!
Sin duda cuando creas y transformas,
cuando enciendes la antorcha de una vida
o cuando apagas esa antorcha, no haces
ni bien ni mal: o al menos no meditas
tan extraños efectos que anonadan
la obscurísima mente de los hombres;
reside en ti la perfección suprema
de la inconsciencia que por ley divina
bajo el influjo de potentes causas,
lo mismo crea un mundo prodigioso
que da vida a un insecto. Eres hermosa,
eres sublime cuando das la vida
lo mismo que al quitarla en apariencia
sin que te importe a quién.

¿Sabes acaso
que el hombre, ese pigmeo miserable,
te desprecia creyéndose en la tierra
el rey de lo creado, un ser distinto
y superior a ti, que tiene un alma
en donde se concentra lo infinito
y eterno de las cosas, viva chispa
que no puede morir; porque su origen
arranca del aliento luminoso
del divino arquitecto de los mundos
del que sacó del fondo de la nada
el principio de todo, el caos mismo,
que al condensarse y adquirir contornos
te dio el cuerpo y la vida que trasmites
a cada ser que en la extensión vacía
se despierta a vivir?

¿Has hecho caso
jamás de sus abstrusas ambiciones,
engendros del delirio de su mente,

que a comprender no alcanza cosa alguna
de cuanto encierra el panorama espléndido
de la naturaleza que es tan solo
como un movible espejo de sus formas
diseminadas infinitamente
por los incalculables horizontes
apenas escuchados, porque nunca
la ciencia humana explorará el misterio
de tu extensión ni encontrará la clave
que la ayude a explicarse los enigmas
que ve por todas partes, ni siquiera
conocerá la esencia milagrosa
del átomo más leve?

El hombre iluso,
nacido del calor de tus entrañas
e hijo tuyo a toda hora, no comprende,
no quiere comprender, que su existencia
es como todo lo que alienta y vive
en la esfera del orbe, solamente
el resultado de fatales fuerzas
que por virtudes propias al fundirse
producen el fenómeno que informa
la gran vitalidad de un organismo;
no comprende que salvo la excelencia
de ciertas facultades que requieren
medios propios en él para externarse,
su vida se equipara por completo
a la de tantos seres multiformes
que como él también viven.

No comprende,
en su orgullo satánico engreído,
que su vida es levísima burbuja
que el roce más ligero despedaza;
no comprende que él es menos que un grano
de arena que se pierde y se confunde
en las inmensidades de un desierto:
átomo del océano infinito

que se piensa ¡oh blasfemia inexorable!,
imagen del Dios mismo. ¿Acaso ignora
que hay en el éter incontables mundos
superiores mil veces a la Tierra,
mundos que han de poblar sin duda seres
más perfectos que el hombre, ya en figura,
ya en fuerza y en facultad o porque tengan
más nobles atributos?

Pobre hombre,
infeliz individuo condenado
a ser el habitante de un planeta
de los más inferiores que gravitan
en el éter azul de lo insondable,
alrededor de un sol, como si fuesen
enormes colibríes revolando
en torno a inmensa flor. El hombre vive
sobre un planeta opaco y pequeñísimo
donde la vida es corta y sin objeto:
gusano miserable que se sueña
muchas veces gigante, y por desdicha
despierta de su sueño de locura
para caer en seguida en otro sueño,
y así pasa entre sombras y quimeras
hasta que muere al fin.

¿Acaso tiene
misión alguna individual el hombre?
¿No es verdad que a pesar de cuanto digan
sobre la triste tierra el hombre pasa
en perpetua niñez y luego se hunde
en la tremenda noche inescrutable,
sin dejar ni la huella de su paso,
porque implacable con su mano el tiempo
todo lo borra al fin? ¿Cuál es entonces
el destino del hombre? ¿Por qué vive?
¿A qué viene a este valle de miserias
si no es a perpetuar sin proponérselo
su propia imagen que al vivir prosigue

en la misma ignorancia, fatalmente
trasmitiendo la vida sin pensarlo
a nuevos infelices?
¡Ah!, la vida,
la vida individual es para el hombre
una cosa tristísima: hasta es justo
dejar que el pensamiento se solace
soñando nueva vida tras la tumba.
¡Es tan triste vivir breves momentos
para morir después, que a ser posible
fuera mejor exterminar la especie
e impedir que el dolor la perpetúe
vedándole al amor reproducirse!
¡Ay, infeliz del que por suerte cae
en el círculo odioso de la vida,
porque juguete de inclementes hados,
irá sin rumbo padeciendo siempre
hasta hallar su sepulcro...!

Mas, con todo
a pesar de que el mundo de los hombres
no nos brinda la dicha ni podemos
hallar un alto fin que satisfaga
nuestra osada ambición, es indudable
que el mundo, el Universo, cuanto existe
si no nos dan felicidad alguna,
tal vez porque jamás nos conformamos,
son un bello espectáculo, una cosa
tan grande, tan magnífica y sublime
que muchas veces sin quererlo el labio
lleno de admiración se abre entusiasta
para entonar un himno laudatorio
al estupendo autor de tanto hechizo,
de tanta maravilla incomprensible
y de tanto esplendor.

Cuando extasiado
contemplo la hermosura de un paisaje,
en la hora misteriosa del crepúsculo,

o admiro por la noche el firmamento
constelado de ardiente argentería;
cuando absorto y suspenso me divago
recordando en mi espíritu el efecto
de los mágicos cuadros que a mi vista
llenaron de estupor, ya en pleno bosque,
ya en las cúspides altas, o bogando
sobre el dorso del mar; yo me deleito
con transportes de gozo indefinible;
yo me alegro en verdad de la existencia
para ver y sentir, y dentro del alma
encontrar la certeza de algo grande
que eleva el corazón.

Cuando así pienso,
cuando el escepticismo se adormece,
a través de la fe yo miro el mundo
como amable mansión y hallo la vida
en conjunto de todos los hermanos
como un vasto taller de donde surgen
para la sociedad inmensos bienes,
el progreso constante, el noble imperio,
de la fraternidad, la dicha misma
brindando su porción a cada uno;
todos unidos en grandioso anhelo
cumpliendo algún destino se figuran
ver a Dios que les ve tras de las nubes
y les sonríe como padre amante
con entrañable amor.

Pero todo eso
es sólo un espejismo de la mente;
todos los seres que lo creado encierra
sólo somos visiones muy fugaces.
Todo fenece al fin, la vida es sueño
que se pierde entre dos noches abscuras.
La muerte misma es ilusión. Tú sola,
oh, materia grandiosa e ilimitada,
persistes sobre todo eternamente.

¿Eres hija de Dios? ¿Eres Dios mismo?
Yo no sé que eres tú, ni a ti te importa
que yo crea o que dude. Inexorable
y muda a mis preguntas permaneces
como si fueses sorda e insensible,
¿Qué le importa al coloso formidable
lo que piense una oruga?

Tú sin duda
no debes ni pensar. No te hace falta
porque tus pensamientos son acciones.
Eres tan grande, en realidad tan grande,
que delante de ti todo es pequeño.
Y pensar que muy pronto, yo si acaso
soy átomo que piensa porque vive
dejaré de alentar para perderme
y fundirme en tu seno hecho partículas
que la combinarse han de dar vida luego
ora a viles insectos y gusanos,
ora a yerbas y arbustos al mezclarse.
¡Pensar que este fenómeno radiante
de mi vida infeliz ha de extinguirse
cual si no hubiese sido!

¡Qué tristeza!
El hombre es en la tierra cual sonámbulo
que dirige fantástico destino
o torpe acaso sin razón ninguna;
mas, no les escarnezcamos, que no es justo:
su desgracia fatal no es culpa de nadie;
pues nada en realidad es malo o bueno.
Por eso resignado y conmovido,
yo te canto, ¡oh, materia despiadada!
Eres monstruo a la vez que santa madre;
mezcla de sombra y luz; conjunto inmenso
donde todo comienza y todo acaba
como en terrible mar. ¡Salve mil veces
cuna y sepulcro de los mismos astros!
¡Digna obrera de Dios!: ¡mil veces salve!

FILIGRANA

Estrella de lo ideal que mi alma guías,
¡no te extingas jamás! Que tu luz siempre
me dé su resplandor...

Tú has alumbrado,
en el espacio azul de mis quimeras,
mis pasados ensueños de ventura,
cuando, con santa fe de adolescente,
virgen el corazón a la desgracia,
y sin temer dolores sobre el mundo,
mi paso adelantaba por la vida,
presintiendo doquier ante mis ojos
la imagen del placer...

Tú has presidido
el despertar dulcísimo y risueño
de mis amadas ilusiones de oro,
cuando con ansia delirante y loca,
buscaba lo que no hallo todavía,
el soto bendecido, el fresco oasis
donde anidan los éxtasis supremos,
los deliquios sublimes y el arrullo
del amor inmortal...

Con tus fulgores
has hecho florecer a mi esperanza
con las flores más bellas y fragantes,
salpicando de dichas mi camino
y haciéndome sentir dentro del pecho
yo no sé qué ternura melodiosa,
yo no sé qué emoción inexplicable,
como el beso sutil de hada invisible
que anuncia el porvenir...

Tú has sido el faro
que en mis aciagas noches de tristeza
ha brillado con pálidos destellos,
serenando las olas encrespadas

do el pensamiento boga combatido
por austro de nostalgias y pesares,
atribulado y solo, sin que el mundo
le brinde algún consuelo en su congoja
de incomprensible afán...

Tú has contemplado,
en mis oscuras noches de tormenta,
la fúnebre visita del espectro
que mata la ilusión y la esperanza,
dejando el corazón yerto y vacío,
mientras clava su garra el desengaño
y se amontonan nubes tempestuosas
en el cielo tranquilo del espíritu
herido del dolor...

Tú has sido el ojo
que ha derramado lágrimas sinceras,
cuando la duda escéptica y sombría,
desquiciando mis creencias más amadas,
me ha lanzado a los trágicos abismos
de penas insondables donde a veces
ha azotado mi frente el ave negra
de lúgubres graznidos y de vuelo
fantástico y fatal...
Pero tú siempre,
ora cerca, ora lejos, has brillado
en mi horizonte humilde, con radiosos
y argentados fulgores, sin que nunca
te consiga eclipsar el infortunio,
como si fueras para mi alma triste
la proyección sublime de los cielos
sobre el erial inmenso de la tierra
sin flores y sin luz...
¡Blanca y hermosa
estrella de lo ideal que mi alma guías,
no te extingas jamás! ¡Que tu luz siempre
vierta su resplandor dentro de mi alma!

No me extrañó su fin: decepcionado
y ya sin esperanzas sobre el mundo,
le inspiró la existencia horror profundo
y como nadie se miró abrumado.

En plena juventud sintióse hastiado
y para grandes luchas infecundo:
le anonadó el destino furibundo
y al potro del dolor le arrojó atado.

Sin ilusiones ya, con claros ojos
indagó el porvenir, pero en su tedio
por todas partes columbró despojos;

y, tras pensarlo mucho —¡oh alma herida!—,
buscó para sus males el remedio
¡con el arma sangrienta del suicida!

FLORES DE UN DÍA

Flores que en el alma mía
al beso de una emoción
brotasteis sin lozanía;
flores, sin olor, de un día,
flores de mi corazón.

¡Quién en mi sepulcro frío
pudiese haceros brotar
llenas de perfume y brío!

¡Quién os pudiese, Dios mío,
en siemprevivas tornar!

SUEÑO

Tuve un sueño una vez tan peregrino
que nunca, nunca olvidaré en la vida.
En célica mansión yo me encontraba,
(¡qué sueño tan divino!),
y con el alma de ventura henchido
mi labio sobre el tuyo se posaba.
Caricia por caricia devolvías
y de poseerte hallábame orgulloso.
¡De ternura y placer te estremecías
en éxtasis dichoso!

Yo te estrechaba en mis amantes brazos
y me mirabas tú tan dulcemente,
que pródigo en cariños y en abrazos
te estrechaba otra vez más tiernamente.
En dulce vaguedad te sonreías...
No sé qué me decías,
mas siempre el corazón adivinaba
tus frases celestiales.
De tanto gozo el pecho palpitaba
cuando la suerte quiso que del día
los rayos matinales,
entrando por el techo,
más el bullicio que la gente hacía,
me despertaran de tan dulce sueño.

Calculé entonces la distancia inmensa
que a lo real había,
y triste en mi desgracia, suspirando,
de mi recuerdo en la ansiedad intensa,
¡cuál deseaba vivir siempre soñando!

EN LA MUERTE DE UN AMIGO

Morir cuando en el alma las bellas ilusiones
con su cortejo hermoso
presagian el placer;
morir cuando aún apenas la vida y sus salones
con ansia ardiente y gozo
se empiezan a correr.

Morir cuando se sueña, morir cuando se adora
y vése en lontananza
brillar un porvenir;
morir cuando en la mente con gracia halagadora
fulgura la esperanza,
¡qué triste es, ay, morir!

No ha mucho que lozano, dichoso compartías
las gratas expansiones
de ardiente juventud.
Pensabas inspirado en otros bellos días,
sediento de emociones,
sin penas, ni inquietud.

Sensible y entusiasta cantares ensayabas
cual ave que sus trinos
empieza a modular.
Acaso destinado a ser un bardo estabas
y rasgos peregrinos
tenías que dejar.

Mas ¡ay!... ya sólo restos de lo que fuiste quedan:
cenizas en la tumba,
vacío en el hogar,
y el llanto y los suspiros en el espacio ruedan
de todos tus amigos
y tu familia al par.
¡Cuán triste y doloroso es ver con desconsuelo
a seres que se quieren
hacia la tumba ir!
Misterio es todo, todo, que aumenta más el duelo.

¿Quién sabe los que mueren
a dónde van al fin?

La muerte, ya lo han dicho, da margen a otra vida,
la vida perdurable
de goces inmortal.
Acaso tu alma mora en paz apetecida
y goza la inefable
ventura celestial.

¡Feliz si allí te encuentras, muy lejos del bullicio,
distante de los hombres,
muy cerca del Señor!
¡Feliz si con tu muerte disfrutas ya propicio
placeres que sin nombres
respiran el amor!

Tal vez aquí en la tierra terribles sinsabores
hubieras apurado
en cambio del placer;
y acaso sólo penas, pesares y dolores
hubiérate brindado
falaz una mujer.

Tranquilo, pues, reposa en dulce calma
sin que lleguen a ti llantos ni penas,
gozando ya del cuerpo libre tu alma
de eterna bienandanza horas serenas.

No más sobre tu lápida mortuoria
exhale el corazón dolientes quejas;
tu recuerdo nos queda en la memoria:
y él llenará el vacío que nos dejas.

EL ÁRBOL DE LIBERTAD

A Félix A. Tejeda

Al criar todo cuanto existe
Dios ha dado a las naciones,
después de sus bendiciones
un árbol de Libertad;
"Bajo su sombra —les dijo—
viviréis siempre en reposo,
entre el trabajo y el gozo,
mirándoos con igualdad.

"Viviréis en dulce calma,
cual verdaderos hermanos,
sin que los odios insanos
os hieran con su crueldad;
pero ¡ay de vosotros! —dijo—
si arrastrados de Luzbel,
hacéis la ruina con él
de ese árbol de Libertad".

Nada más dijo el Señor,
del éter en las alturas,
y las humanas criaturas
desde entonces ¡oh igualdad!,
han visto crecer lozano,
con la celestial unción,
en cada pueblo o nación
un árbol de Libertad.

Bajo su sombra bendita
han vivido y progresado
los pueblos que no han dejado
borrones de iniquidad;
los pueblos que a sus labores
consagrados han vivido,
como estandarte han tenido
el árbol de Libertad.

Sin su protección y amparo,
en tan atroz inclemencia,
se envilece la conciencia,
no existe la dignidad;
por eso todo hombre honrado
que cumple con su deber
debe en aras perecer
del árbol de Libertad.

Sin libertad no se vive,
se vegeta en un abismo,
a merced del despotismo
y a merced de la crueldad.
Y sin embargo, ¡gran Dios!,
¡cuántos pueblos desgraciados
han vivido así humillados
sin árbol de Libertad!

La ignorancia y el atraso,
la extremada corrupción,
han obrado la ocasión
para tal temeridad;
y así, pueblos infelices,
de otros pueblos presa han sido,
mirando el árbol destruido,
el árbol de Libertad.

Siempre el error, siempre el vicio,
la ambición o la falsía,
demonios de tiranía
engendran con su maldad;
y pueblos tal vez potentes,
engañados de un tirano,
ven destruir, y con su mano,
el árbol de Libertad.

Mas como cosa divina,
de este árbol que así perece,

nunca el germen desaparece,
no queda en la nulidad;
y los pueblos al fin vemos
de su sueño despertarse,
y de entre escombros alzarse
el árbol de Libertad.

Y entonces ¡cuán grande un pueblo
de la abyección se levanta
y aniquila con su planta
las hidras de la maldad!
¡Cómo lucha entusiasmado,
y cómo, tras de su empeño,
vuelve gozoso a ser dueño
del árbol de Libertad!

Crece este árbol bendecido
a impulsos del corazón,
le nutre la ilustración,
le apoya la probidad;
la miseria, el egoísmo,
son de su vida el veneno,
no vive bajo su seno
el árbol de Libertad.

A la materia invisible,
es este árbol sacrosanto
del patriotismo el encanto,
el pendón de la igualdad;
las ideas generosas
son su savia y su sustento;
en ellas tiene su asiento
el árbol de Libertad.

Por eso, doquier, amigo,
que reinar tan solo veas
añejas, tristes ideas,
alardes de vanidad;
donde sólo la inacción

a tu mirada se ofrece,
dulce amigo, allí no crece
el árbol de Libertad.

Mas donde veas también,
a pesar del despotismo,
que germina el patriotismo
y relumbra la verdad;
donde veas que haya jóvenes
de instrucción y de entusiasmo,
brotar debe entre el marasmo
el árbol de Libertad.

Porque, en resumen, amigo,
como los astros brillantes
que resplandecen radiantes
en la azul inmensidad;
así también en el mundo,
tras de las nieblas oscuras,
en irradiaciones puras
alumbra la Libertad.

AMOR Y DESAMOR

I

¡Bella es la luz que por oriente asoma
de la mañana en el feliz momento!
Salúdala la flor con el aroma,
y la saluda el ave con su acento.

¡Muy bella es esa luz! Sus rayos de oro
al mundo llenan de belleza suma;
ellos dan vida al ser por cada poro
y el velo rasgan de la densa bruma.

¡Muy bella es esa luz! Pero es más bella
la luz divina que, con dulce llama,

en medio al corazón, como una estrella,
fulgores de pasión y amor derrama.

De aquesa luz, al inmortal destello
que en la mirada de unos ojos prende,
el alma se remonta tras lo bello
en alas del amor... y asciende, asciende.

¡Cuán bella es esa luz! La bienandanza
eterna e infinita, en un segundo,
se goza del amor en la esperanza.
¡Ay! Si no hubiera amor, ¿qué fuera el mundo?

II

¡Triste es la sombra que la noche tiende
tras de la luz que en occidente expira!
Al alma tímida en pavor suspende
mientras el ave en soledad suspira!

¡Muy triste es esa sombra! Al mundo cubre
en gran porción con su luctuoso velo;
de lobreguez y horror todo lo encubre,
ella ennegrece hasta el azul del cielo.

Muy triste es esa sombra... Pero existe
otra sombra más triste: el desencanto;
esa noche, ¡ay!, que al corazón reviste
de oscuridad, de quejas, de llanto.

Si muere la esperanza allá en el alma
y se destruye la ilusión querida,
es imposible que se encuentre calma
en las lúgubres sendas de la vida.

Del desengaño, ante la niebla oscura,
todo es tristezas y pesar profundo,
y voz siniestra en nuestro mal murmura:
"¡Si el dolor suprimís, bello es el mundo!"

EL DOLOR

"¡Menester es sufrir para ser hombre: quien no ha sufrido
no conoce el mundo; lleva en su alma una página sin nombre y un
vacío de amor en lo profundo!". — El Autor

I

¡Dolor, fiero dolor! Amargo acíbar
que el infortunio al desgraciado da;
hálito emponzoñado que envenenas
las horas de más dulce idealidad;

borrascoso simún que allá en el alma
las bellas ilusiones al brotar
abates sin piedad, como las flores
que arrastra tempestuoso vendaval.

Verdugo cruel de la esperanza hermosa,
aguijón implacable del pesar,
enemigo de dichas y venturas,
genio insaciable, aborto de Satán;

¿por qué, por qué, con inclemente encono
siempre has de herir el pecho del mortal,
y ha de ser siempre en desastrosa lucha
su pobre vida un juego del azar?

¿Por qué en la copa del placer que apura,
ansiando dicha y plácido solaz,
consigues siempre con perfidia y dolo
de amarga hiel tus gotas derramar?

¿Por qué no dejas que en su vida corran,
cual corren años de sufrir tenaz,
horas risueñas, límpidas, hermosas,
llenas de pura, real felicidad?

¿Por qué si al alma una esperanza anima
hay un desdén que la ha de acibarar?
Si hay una fe que al corazón sostiene,

¿por qué una duda el desconsuelo da?

¿Por qué también hasta en los dulces sueños
de ese mundo fantástico, ideal,
osas mezclarte en sus mirajes fúlgidos
y velas con tus sombras su beldad?

¿Y por qué, en fin, a la mayor ventura
el golpe cruel del desencanto das,
y te enconas y ensañas contra todo
lo bello y lo virtuoso y sin rival?

¿Es acaso que todo aquí en el mundo,
para que pueda ser, ha de luchar?
¿Estriba acaso la armonía en eso?
¿Es útil el contraste, el rudo afán?

II

¡Oh dolor! A pesar de tus tinieblas
una enseñanza al corazón le das;
buen maestro eres: ¡comprender me has hecho
esa infinita, incógnita verdad!

Si tiene todo aquí su semejante,
todo tiene asimismo su rival:
las sombras de la noche existir deben
para que dé la luz su claridad.

Existen rocas y desiertos páramos
para que un verde prado encante más;
tienen las rosas múltiples espinas
para que halaguen más por su beldad.

Y es muy bella la aurora de la vida,
exenta de inquietudes y pesar,
porque es —¡ay!— triste el angustioso ocaso
de la vejez, tan llena de ansiedad.

Tras el sombrío y riguroso invierno,

espléndida aparece y sin igual
la hermosa primavera; y tras la guerra,
como divino don, viene la paz.

Magnífico y risueño se presenta
en el cielo, tras negra tempestad,
el arco iris que presagia calma
y aplaca los furores de la mar.

Nunca es tan bella, tan celeste y pura
de un pueblo la bendita libertad,
sino es cuando se pierde inicuamente
y con honor se vuelve a conquistar.

Así, la dicha por fugaz que sea,
en importancia crece mucho más
a medida que cuesta más pesares
y es instable cual una veleidad.

Como en un cuadro en que el pintor hiciera
aparecer a orillas de la mar
en triste noche, al rayo de la luna,
la escena de la dicha más cabal,

tal aparece, entre el sufrir constante,
una hora de alegría y de gozar;
se expande entonces el corazón y sueña
que goza de sin par felicidad.

III

No eres fútil, dolor; en la existencia
tú haces ver del recuerdo, bajo el prisma,
en cada breve goce una excelencia,
en tanto que el presente nos abisma.

Si hieres la conciencia del precito,
clavándole tu dardo en cada entraña,
le haces expiar la culpa del delito
con el furor de tu indomable saña.

Y si hieres injusto al inocente,
su alma purificas y acrisolas;
le enseñas en la vida a ser prudente,
cual un piloto en las revueltas olas.

Tú eres, dolor, la espada del destino:
has hecho escarmentar a Napoleón
en Santa Elena, y parecer divino
en medio sus desgracias a Colón.

Y a Jesucristo, el ser más bondadoso,
más sabio y más humilde que ha nacido,
tras el suplicio cruel más afrentoso
la aureola de los dioses has ceñido.

Tú has formado los grandes caracteres
de los hombres ilustres de la historia,
y has hecho conquistar aun a mujeres
las palmas del martirio y de la gloria.

Eres fuente constante de heroísmo
a la vez que expiación de la criatura:
no es nunca más sagrado el patriotismo
que del destierro en medio la amargura.

¡Bendito seas, pues, que así enalteces
del hombre los más puros sentimientos!
¡Hiere en mi corazón todas las veces
que necesarios sean mis tormentos!

Yo sé que tú, dolor, el genio has sido
que ha inspirado esas magnas producciones,
conjunto a la vez bello y dolorido
de lágrimas y tiernas vibraciones.

El prodigioso espíritu del Dante,
que la Comedia divinal creara,
¿dónde hallaría inspiración bastante
si en su propio dolor no la encontrara?

Y en las liras de Byron, de Petrarca,
de Leopardi, Musset y Lamartine,
¿quién ha puesto en sus notas esa marca
del sentimiento y del dolor sin fin?

¡Oh, bien se ve que en la existencia humana
un papel sorprendente desempeñas!
¡Depuras la razón, la creencia vana,
y al corazón sublimas y le enseñas!

¡Bendito seas, pues, que así enalteces
del hombre los más puros sentimientos!
¡Hiere en mi corazón todas las veces
que necesarios sean mis tormentos!

A EDELMIRA

¡Eternas horas de amargura y duelo,
de desaliento, de infinita angustia
han detenido de mi mente el vuelo,
y está la flor de mi esperanza mustia!

¡De mi existencia en el desierto campo
la hermosa lumbre de la fe no brilla;
en vano busco en mi horizonte un lampo,
pobre bajel sin encontrar orilla!

¡Y acaso nunca en mi azarosa vida
hallar podré la apetecida calma!
Llevo en mi pecho la profunda herida
de oculto amor que me desgarra el alma.

¡Jamás, jamás de mi pasión sublime
el labio ha osado confesar su anhelo;
antes mi pecho en el silencio gime
ante ese azul, indiferente cielo!

Persigo acaso un imposible, un sueño,
mas ¿cómo ahogar de mi pasión la llama?
¿Cómo callar, si en mi afanoso empeño
inmenso amor el corazón me inflama?

¡Si esa mujer que delirante adoro
tiernos sus ojos hacia mí tornara;
si ver pudiera mi doliente lloro
y mi continuo afán, tal vez me amara!

O cuando menos compasión tuviera
del que, rendido como a Dios, la adora;
esto tan solo mi ventura hiciera,
mas ¡ay de mí! que mi pasión la ignora.

En mi delirio y mi constante anhelo
sólo hallo un frío y sepulcral mutismo,
y veo, por mi mal, con desconsuelo,
hundirse mi esperanza en un abismo.

¿Cómo confiarle mi fatal secreto?
¿Cómo decirle, balbuciente el labio,
que la ama tanto el corazón inquieto?
¿Cómo expresarme sin causarle agravio?

¡Sufrir por ella, idolatrar en vano
su imagen pura hasta encontrar la muerte;
mártir vivir en mi dolor ufano:
esa es mi triste, infortunada suerte!

¡Y aunque no tengo ni esperanza alguna,
y aunque ella ignora mi infinito ardor,
al rayo siempre de la blanca luna
sublime culto le dará mi amor!

LA INFANCIA

I

Cuando recuerdo mi dichosa infancia,
esa edad de fragancia,
de tímida inocencia y de ventura,
en que del alma los serenos días
y dulces alegrías
no empaña del dolor la nube oscura;

II

cuando recuerdo sus tranquilos goces
que raudos y veloces
huyeron para siempre con los años,
y miro en torno mi presente odioso,
que oscuro y proceloso
me brinda solamente desengaños;

III

entonces ¡ay! a mi alma fatigada
dolor intenso horada,
y, cual único y solo lenitivo,
dejo vagar el pensamiento en alas
de aquellas dulces galas
que fueran otro tiempo mi atractivo.

IV

Y recorriendo en ilusión querida
de aquella edad florida
por los dulces y fáciles senderos,
serenidad recobro y venturanza,
y otra vez la esperanza
me arrulla con sus cantos placenteros.

V

Y es que no sé qué tiene lo pasado
que al pecho lacerado,
a quien abruma el porvenir incierto,
parece que le trae con la memoria
algún jirón de gloria

que del tiempo la mano no ha cubierto.

VI

¡Oh de mi infancia encantadores días,
deliquios y alegrías,
que siempre al recordaros gozo tanto!
No os alejéis de mí con tal premura,
verted en mi amargura
una gota de miel con vuestro encanto.

A LA MEMORIA DE MI MADRE

Al fin, ¡oh madre!, el bondadoso cielo
tuvo piedad de mí, ¡para que el duelo
no me hiciese estallar el corazón!
Pude al cabo llorar, y de mis ojos
el abundoso llanto a tus despojos
consagrar infeliz en mi aflicción.

Era preciso ya, porque sentía
que me ahogaba el dolor y me moría
sin encontrar, ¡oh mísero!, piedad.
Y ¡qué grande consuelo en el quebranto
pude obtener al derramar mi llanto
y al gemir tristemente y sollozar!

La amarga pena, cuando el golpe es rudo,
aprieta en la garganta férreo nudo
y el alma se retuerce en el sufrir.
Mas de su lava al fin se desaloja
el ardiente volcán, y el pecho arroja
también la lava del dolor sin fin.

Hoy puedo lamentar mi infausta suerte,
puedo decir lo que sentí al perderte,
mi marchita esperanza y mustia fe.
Madre, tú fuiste para mí la palma
a cuyas sombras se acogía mi alma

y aspiraba las brisas del Edén.

Fuiste la hermosa, la brillante estrella
que me hizo columbrar la gloria bella
y la ventura que juzgué inmortal.
Por ti, con ansia y sin temer dolores,
ambicionaba un porvenir de flores
para alfombrar del mundo el triste erial.

Mas hoy, ¿en dónde están esos ensueños?
¿Qué se hicieron deliquios tan risueños?
¿Quién, madre, destruyó tanta ilusión?
Se hundieron, ¡ay!, en tenebrosa umbra
al perderse tu vida en la penumbra,
al trasplantarte a otra feliz región.

Y murió el entusiasmo y murió el brío,
quedó sin luz el pensamiento mío
y se agotó la fuente de placer.
Hoy en el mundo indiferente vago
sin encontrar al corazón halago,
sin más que hastío y decepción doquier.

Triste es mi vida, cual ninguna triste;
de sueños de ventura no la viste
primavera feliz, la juventud.
Mas en medio las brumas de mi duelo,
tu recuerdo querido es mi consuelo
y en mi alma siempre resplandeces tú.

NEUROSIS

Junto al piano que llora
con musical terneza,
cual si el níveo teclado armonioso
la mano intangible de un hada oprimiera;
he visto una figura
de pálida princesa

destacarse adorable y radiosa
de un marco de obscuros crespones de seda:

y al contemplar su rostro
de correcciones griegas
y blancura de lirio, impregnada
de dulces nostalgias y amables tristezas,

al país del ensueño
do habitan las quimeras,
ha volado mi espíritu absorto
de tantos hechizos y tanta belleza.

Entonces con el alma
de arrobamiento llena,
he mirado en la imagen radiosa,
vestida de negro, tan pálida y regia,

la virgen pensativa,
melancólica y tierna
que acompaña los hondos pesares
y mártir de amores suspira y consuela;
la visión misteriosa
que solitaria yerra
y en las noches azules de luna
en su éxtasis miran las almas enfermas...

He pensado en las tristes
románticas siluetas
que cual trágicas musas inspiran
divinas locuras, pasiones eternas.

Margarita sublime,
mustia y doliente Ofelia,
pesarosa Mignon: albo coro
de aladas criaturas heridas de pena;
y he sentido en la frente
que el infortunio sella,
algo así como el beso de sombras

del ángel que infiltra las ansias supremas;

y en óptica ilusoria
mi fantasía inquieta
sus recuerdos evoca y entonces
sus vagos perfiles tu imagen proyecta;

y en los contornos suaves
de la gentil presencia
todo el mágico encanto adivino
de una incomparable soñada princesa.

VEINTICINCO AÑOS

Heme aquí en pleno alcázar de la vida:
de la alma juventud con la diadema
de ardiente resplandor la sien ceñida:

en el cenit de la ventura extrema,
en el oasis divino a cuya sombra
de dicha el corazón goza un poema.

¡Heme aquí en esa edad que no se nombra
porque nombre no tiene lo que encanta,
lo que embelesa y a la vez asombra!

¡Qué hermosos horizontes! ¡Cómo canta
de la esperanza el ave lisonjera
al sol que entre arreboles se levanta!

¡Cómo brilla ese sol! ¡Su luz genera
yo no sé qué espejismos y placeres,
yo no sé qué emoción que regenera!

El campo enflora y engalana Ceres;
y entre umbrías florestas o en alcores
un cielo nos presagian las mujeres.

¡Oh bendita estación de los amores!
¡Y cómo en su santuario olvida el pecho
sus ya pasadas cuitas y dolores!

¡Cuál respira ese ambiente satisfecho
y compendia en un beso y un abrazo
el fin del mundo para el hombre hecho!

¡Y cuál dos vidas junta en dulce lazo
para formar con ellas sólo una
en el nido feliz de su regazo!

¡Oh venturosa edad que al ansia aduna
de las caricias y el amor, el ansia
de la gloria también y la fortuna!

Cual divino tesoro de fragancia
vierte de los ensueños el hechizo
y delicioso néctar nos escancia.

El pensamiento plácido, indeciso,
entre floridos huertos se recrea
y la vida simula un paraíso.

En su ala de relámpago la idea
se remonta fugaz tras lo futuro
que ya entre blancas brumas centellea.

¡Qué entusiasmo tan vívido y tan puro
invade nuestro espíritu que el velo
entreabre al porvenir con un conjuro!

¡Qué aspiración tan honda! ¡Cuánto anhelo
llena con avidez la fantasía
errante por los cármenes del cielo!

Eterno manantial de poesía
donde la inspiración boga serena
entre oleadas de luz y de armonía;

cuanto de bello existe, alado suena
y halaga el corazón que, palpitante,
se estremece de dicha y se enajena.

¡Hora de bendición! ¡Supremo instante
en que todo convida a la locura
y al frenesí de la ilusión brillante!

El dosel de los astros en la altura,
en el espacio claridad y calma,
en la tierra el amor y la hermosura.

¡Cuál se mece el follaje de la palma!
¡Cómo esparcen las flores su perfume,
y cómo brotan músicas del alma!

Encantadora edad en que resume
la vida sus deliquios más extraños
y en éxtasis dulcísimo se sume.

¡Ya estoy bajo su égida! Y aunque ruda
brame la tempestad, los desengaños
del mundo hoy no los temo, pues me escuda
el manto azul de veinticinco años
¡y el alma mía su esplendor saluda!

DE PROFUNDIS

Cayó sobre mi espíritu sombrío
la atrofiadora escarcha de la angustia;
sentí temblar mi corazón de frío
y desprendióse mi esperanza mustia.
Como del bosque las dolientes hojas
al soplo de las ráfagas glaciales,
bajo el sudario gris de las congojas
agonizaron ¡ay! mis ideales.

Murieron mis floridas ilusiones
al golpe cruel del desencanto yerto,
y el ángel de mis pálidas visiones
huyó al mirar mi corazón desierto.

La noche me cubrió con sus tinieblas
dejando triste y huérfana mi vida;
y sumergióse mi alma entre las nieblas
y entre sus limbos osciló perdida.

Me abandonó la fe, reliquia santa
de mis primeros años de ventura;
me anonadó el pesar, y ante mi planta
su boca abrió voraz la sepultura.

Poco a poco cesaron los latidos
del pobre corazón agonizante;
y traspasaba el hielo mis vestidos
y azotaban las brisas mi semblante.

Los lúgubres follajes murmuraron
yo no sé qué salmodia o qué plegaria,
y tuve horror entonces: me vi muerto,
pero vivo a la vez, porque sentía,
sólo que estaba cual cadáver yerto
con la horrible visión de mi agonía.

Era el dolor postrer de los dolores
que entre sus garras comprimió mi alma;
era el último adiós de los amores,
del corazón sobre la muerta calma.

En vano, pertinaz, luchó mi aliento
con la esfinge fatal; venció la odiosa,
y desde entonces, dentro el pecho siento
el frígido contacto de una losa.

MIS VERSOS

Van a ti mis canciones revolando
cual mariposas de oro entre las flores,
a libar en tus labios miel de amores
y en tu seno a buscar albergue blando.

No las desdeñes, no, si a ti llegando,
al fulgor de tus ojos soñadores,
te hablan de mis tristezas y dolores
y tu ternura imploran, suspirando.

Dales calor y abrigo, amada mía,
ve que son mensajeras que te envía
mi alma, de quien la sola dicha eres.

No les niegues un poco de cariño,
ve que mi corazón es como un niño
y morirá de amor si no le quieres.

DOLOR SIN NOMBRE

Lo encontré resignado, pero triste,
con amarga expresión y duro ceño;
mas, le inspiré confianza y, cariñoso,
instéle al fin a desahogar su pecho.

Me miró sorprendido, cual si fuese
de tal modo en hablarle yo el primero;
y animándose al fin con fuerza extraña,
me dijo, sin parar, con sordo acento:

"Hay algo sobre el mundo de los hombres
atroz, terrible, pavoroso y tétrico;
algo que no conoces ni sospechas,
ni imaginarte puedes por siniestro.

Algo que es como muerto estar en vida;
algo que es como estar en el infierno;

algo como sentirse apuñaleado,
agonizante y sin llegar al término.

Algo que es la más honda desventura
que mata el alma y que corroe el cuerpo;
que humilla el corazón más valeroso
y hace pedazos el mejor cerebro.

Algo indecible, espeluznante y trágico;
algo que de pensarlo me estremezco;
y que nombre no tiene, pues no hay nombre
en el lenguaje humano para ello.

Algo que no sufrió ni Jesucristo
cuando diz que lloró sangre en el huerto;
que no sufriera Job, ni sufrió Lázaro,
ni los más tristes mártires sufrieron.

Que asombraría a Tántalo y a Sísifo;
que doblegara al mismo Prometeo;
y que ni en pena de inauditos crímenes
deben acaso padecer los réprobos.

Algo que es oprobioso y que es injusto,
como estigma que mancha el mayor mérito;
como la risa del demonio mismo
en su desgracia, exasperando al bueno.

Castigo superior a cuanto puede
imaginar de la maldad el genio;
tortura física y moral que alivio
ni redención encontrará en el suelo.

Resumen tenebroso y lancinante
de largos siglos de sufrir siniestro;
montaña de dolores y de angustias;
mar de amargura y de ponzoña lleno.

Algo que bosquejár me es imposible;
conjunto extraño, abrumador e inmenso
de algo que hiela cual la misma nieve;
de algo que abrasa como el mismo fuego.

Algo que por enorme es sobrehumano;
infortunio fatídico y tremendo
que sobre el mundo de los hombres nadie
ha debido sufrir ni merecerlo.

Inexorable cruz, monstruosa y única,
que sólo yo —¡infeliz!— ha mucho tiempo
en las sombras de mi alma la he llevado
¡y todavía a mi pesar la llevo!

¡Yo, que nací como el diamante fúlgido
para brillar con esplendor sidéreo,
y que en las charcas de la tierra he sido
del dios Fatalidad un predilecto!

¡Yo, que al marchar por mi calvario horrible,
bajo los golpes del dolor no tengo
del que se goza en la ilusión del Cielo!

Yo, que cual Cristo de las sombras cruzo,
hipertrofiado el corazón sintiendo,
sin hallar a mi paso más que abrojos,
¡sin hallar ante mí más que desprecio!"

Me traspasaba de tal modo el alma
aquel dolor en realidad tan negro,
que de sus labios, con ardor, fluía
como las aguas de un raudal siniestro;
que, pálido y convulso, al desgraciado
interrumpí de pronto con un gesto;
pues parecióme al fin que ya era justo
a tan ruda explosión poner un término.
"Sufres mucho en verdad; sufres muchísimo"
—le dije con el más sentido acento—;

"Eres bien desgraciado: bien se mira;
mas yo, como ninguno, te comprendo.

Conozco tu dolor; lo he traslucido
sin que tú me lo digas, hace tiempo;
y me interesa ese infortunio grande
porque en él reflejado el mío veo.

Mas, tu desolación es menos triste
porque al fin has hallado un franco pecho,
y en él, al desahogarte, es imposible
que no suavices tu dolor al menos.

¡Ah! ¡Si decir pudiese yo otro tanto!
¡Si alguien viniese a mí cual compañero,
como a ti yo he llegado! ¡Ah, si pudiese
al decir lo que sufro hallar consuelo!

¡Ah, si mis penas no aumentaran nunca!
¡Si sufriera no más lo que hoy padezco,
o si fueran los tuyos mis dolores,
¡yo sería feliz con sólo eso...!"

Sin poder contenerse el desdichado:
"¿Pero... ¡es posible! —preguntóme— ¿Es cierto
que hay algo más terrible todavía,
que hay algo superior a mis tormentos?

¿Quién eres, pues, entonces?" Yo repuse:
"¡Ignoro lo que soy! Jamás me entiendo;
quizás sea un arcano indescifrable
que vaga sobre el mundo como espectro.

Sólo sé que tus penas no me asombran;
pues, cual si fuese de infortunio el centro,
convergen hacia mí cual vivos rayos
del hombre los dolores más acerbos.
Bien puedes evocar todas las faces
de los más espantosos sufrimientos,

y no verás ninguna que no copie
alguno de mis pálidos aspectos.

Imagina que soy la estalactita
que los dolores hondos y siniestros,
y ya sin esperanzas, sobre el mundo
burilaron tal vez con llanto eterno.

Figúrate que soy el cáliz mismo
de ponzoñosas amarguras lleno,
en donde han destilado, gota a gota,
los dolores de todo el Universo.

Piensa por fin que tu pesar es mío;
que cuanto hay que sufrir yo lo padezco,
y que en mi corazón suspira y gime
el ¡ay! desgarrador del mundo entero.

Y sabrás lo que soy y lo que sufro;
pues muchas veces, cuando en mí yo pienso,
¡de un infinito doloroso y trágico
me parece que soy triste compendio!"

Estupefacto me miraba entonces,
tal vez sin comprenderme, aquel enfermo;
yo me callé, desconsolado al punto;
pero él, casi jovial, me dijo luego:

"¡Tienes razón, amigo! Hay en ti algo
que no es humano y que por fin comprendo:
tu corazón doliente es una lira
donde todas las penas tienen eco.

El dolor infinito sólo existe
donde hay un infinito sentimiento;
por eso mi dolor dista del tuyo
cual de la opaca tierra dista el cielo.

¡Tú eres el alma universal, poeta!
Y yo el hombre no más: somos diversos;
yo sufro solo, y tú, por ley del Hado,
cargas con el dolor del mundo entero.

Y si has llegado hasta mi humilde asilo
a hablarme en un lenguaje que apetezco,
es porque sufres más que yo mis penas...
¡porque sufres por todo el Universo!"

JESÚS TORRES COLINDRES

JESÚS TORRES COLINDRES

Nació en La Paz en 1870.

Era hijo del Lic. don Manuel Colindres, personaje de gran importancia que figuró en la política hondureña desde 1856 hasta 1893, ora como Ministro de Estado, ora como Diplomático, ora como Diputado a los Congresos Legislativos.

Torres Colindres se graduó en Tegucigalpa de Bachiller en Ciencias y Letras, y después pasó a Guatemala a estudiar Medicina; pero pronto dejó los estudios y se dedicó exclusivamente al cultivo de las letras. Fruto de esas tareas fue el libro de versos que publicó en 1891 con el título de Bocetos, en el que rindió pleito homenaje a las bellas guatemaltecas.

En 1893 volvió a Honduras y desempeñó, durante el corto Gobierno del General don Domingo Vázquez, la Subsecretaría de Instrucción Pública y Justicia.

Torres Colindres fue de los que acompañaron al General Vásquez en la salida para El Salvador, cuando fue vencido por la revolución liberal. Dos años después se suicidó en aquel país.

CAMAFEOS

I
MANUEL GUTIÉRREZ NÁJERA

Trovador de las damas, delicado,
Les inspiras las ansias del delirio:
Tienes alma de luz y vives atado
A las negras montañas del martirio.

Como el águila audaz sube al Empíreo
Con vuelo apocalíptico y osado;
Y es su verso amoroso, tenue, alado
Como escrito en los pétalos de un lirio.

¡Poeta eximio! De tu arpa byroniana
Se desprende la estrofa sorprendente,
Perfumada y con luz de una mañana:

Eres poeta inmortal, eres vidente,
Y en la edad del placer, edad temprana,
¡Los laureles del Tasso ornan tu frente!

II
MANUEL MOLINA VIJIL

En su verso hay perfumes de violeta
Y de un astro también irradiaciones.
Dejó un rastro inmortal con sus canciones
Que aún repite fugaz el aura inquieta.

¡Descubrid la cabeza! ¡Canta el poeta
De la guzla gentil de los salones…
El que supo robar los corazones
Y fue mártir-suicida y fue profeta!

Ya no emerge sus trémulos sonidos
La lira del efebo enamorado

Que dio cantos de amor, nunca aprendidos;

Mas la gloria de luz la ha circundado,
Y sus versos dolientes y sentidos
¡Un reguero de soles han dejado!

III
RUBÉN DARÍO

Tiene su lira septicorde, sones
De la épica trompa y del jaramillo,
Da versos olientes como a tomillo,
¡Y estrofas que rugen como aquilones!

Le rinden su homenaje las naciones,
Y pasa el soñador triste y sencillo;
Le dio el sol de los trópicos su brillo,
¡Y Hugo y de Musset sus corazones!

Es el mago del ritmo y de los cuentos
Que, esmaltados cual rica filigrana,
¡Borda en luz de ignorados firmamentos!

¡Descubríos ante él, si canta ufana
Su lira, cuya gloria va en los vientos
Triunfante por la tierra americana!

IV
SALVADOR DÍAZ MIRÓN

Tus estrofas cincelas en diamante
Cuando tu alma de amor se expande herida,
Y es tu frase de luz, frase del Dante,
Si fustigas los males de la vida.

Tiene tu arpa el estruendo del Atlante,
Y el de Bécquer la unción; brota encendida,
Como bólido enorme y centellante,
¡De tu lira la estrofa desprendida!

¡Canta, poeta! La gloria te encamina
Al Olimpo inmortal, y tu renombre
Es un faro esplendente que ilumina

En sus noches fatídicas al hombre:
¡Canta, poeta! ¡La América se inclina
Cuando truenan las letras de tu nombre!

PASIÓN

¿Que olvide a esa mujer? ¡Qué disparate!
No la quiero olvidar:
Si toda mi existencia es un combate
Entre sufrir y amar.

—Camprodón.

Tú, la mujer de mis ensueños de oro,
Blanca visión que arrebatado vi;
Tú, a quien rendido y delirante adoro,
¿Por qué no calmas mi doliente lloro?
¿Por qué no fijas tu pupila en mí?

Honda tortura al corazón oprime
Como una eterna maldición de Dios:
¡Mujer! Mi afecto sin igual, sublime,
Irá por siempre de tu ser en pos…

¡Esta pasión que en mi interior germina
Es como el alma que la siente, audaz!
¡Nunca en la tierra su furor termina,
Ni con la muerte concluirá… jamás!

Te amo e imposible es pretender no amarte,
¿Quién pararía desbordado el mar?
¡Antes que hacer al corazón odiarte
De aquí del pecho lo verás saltar!

¿Y qué me importa tu desdeño eterno?
¿Y qué me importa tu frialdad sin fin?
¿Podrás ahogar el insondable infierno
De amor que guardo sin cesar por ti?

¡Ah, no! ¡Tú puedes despreciar mi anhelo,
Eterno llanto al corazón dejar,
Rodear mi vida de infinito duelo
Que acaso me haga hasta de Dios dudar!

¡Pero que mate mi ilusión primera?
¿Que yo no busque de tu ser la luz?
¿Que no te adore sin cesar…? ¡Quimera!
¡Eso no puedes alcanzarlo tú!

UMBRA

He llorado, mujer, tanto, que secos
¿No los ves? Ahora están mis pobres ojos.
Anoche te soñé muerta, alma mía,
¡Y me vi solo!
¡Confuso te miraba y aturdido,
de presto, estaba loco!
Pasaron ante mí mudos fantasmas
derramando tristísimos su lloro;
y vírgenes de rostros celestiales
llegaban junto a ti con pecho absorto,
rodeaban tu cadáver macilento,
¡y luego se alejaban poco a poco!
¡Una estrella rojiza y tremolante
bajó a darte sus rayos, su tesoro,
te besó con su luz, y fue apagándose
su refulgente foco!

Y las flores volaban de sus tallos
convertidas en aves, plumas de oro,
y las aves calladas contemplaban

el color marchitado de tu rostro.
En febril arrebato, ahogado en lágrimas,
me acerqué a tu cadáver: ebrio y loco
te besé con pasión, y mi alma a tu alma
infundió la existencia con un soplo.

¡Oh, sueño de dolor! ¡Huye! No vuelvas;
no me quites, oh muerte, mi tesoro:
quítame el corazón y dale vida...
Sin ella, ¿qué me espera? ¿Qué haré solo?

CANTO GRIS

El viento triste suspira
entre las desnudas ramas:
las flores, pálidas, secas,
su perfume ya no exhalan.

Las aves entre el follaje,
como entonces, ya no cantan,
y la noche con sus sombras
y sus espectros avanza.

¡Opaco el cielo! La luna
soñolienta se levanta,
y en vez de rayos parece
que derrama tristes lágrimas.

No hay una luz en mi cielo,
ni en mi pecho una esperanza,
naturaleza está muda
y está muda mi pobre alma.

¿De una música lejana,
esas trémulas salmodias
que trae la brisa en sus alas,

no oyes, mujer, tristes ecos?
¿No escuchas esos rumores

con que tañen las campanas?
¿No sientes una tristeza,
un dolor cruel en el alma?

¿No oyes la voz con que triste
tu conciencia apenas clama?
¿No tienes algún recuerdo
de esos que en vida nos matan?

¿No lloras tú, como lloro
en estas horas amargas,
en que me hallo solo, solo,
con mucho frío en el alma?

¿No te arrepientes mil veces
de haber sido y ser ingrata,
de haber llenado de sombras
mi existencia atribulada?

Escucha... Crecen los ruidos
y ya doblan las campanas:
¡es la noche del olvido
que con sus sombras avanza!

CARTAS Y FLORES

Rotos los lazos del amor que un día
fuera, mujer, mi suspirada gloria,
ahora que es triste la existencia mía
y oscuro el porvenir... oye una historia.

Es historia de lágrimas bañada,
es un poema de amor, que nunca olvido:
su recuerdo en mi mente atribulada
está de sombras de dolor, vestido.

Voy a decirte lo que sufro y pienso,
voy a evocar recuerdos de otros días,

en que un cariño, sin igual, inmenso
y puro cual ninguno, me tenías.

No vengo a suplicarte que me quieras,
tus promesas no vengo a recordarte;
¡aún tengo corazón para que hieras,
y orgullo y altivez para... olvidarte!

Oye... y después, al escuchar mi nombre,
no tiembles, no vaciles... sé dichosa.
Mañana que darás tu mano a otro hombre
diciéndole, falaz, que eres su esposa.

Yo sé muy bien que sentirá embelesos
amándote quizás con ardentía:
serán suyos tus ojos y tus besos...
pero tu alma jamás... ¡que tu alma es mía!

Antes de enviarte el postrer acento
de mi alma varonil en esta lucha...
recuerde lo de ayer tu pensamiento,
llama a tu corazón, piensa y escucha...

¡Pero no! Yo no quiero recordarte
tanta dicha, mujer, que fue mi gloria;
ese poema de amor que iba a contarte
no se aparta jamás de tu memoria.

Presente su recuerdo... quizás llores
y te acuse de falsa tu conciencia...
con pasión me quisiste, y yo las flores
más preciadas guardé de tu inocencia...

Lo sabemos muy bien: ahora de frente
tenemos el mañana... voluptuosa
tú marchas entre luz para el oriente
de una vida feliz y venturosa.

En medio del placer o de la calma
procuro no pensar en lo pasado:
que en un mar de alegría se ahoga tu alma
y déjame vivir yo desgraciado.

Así vamos los dos; mas no te guardo
rencor, que tengo un corazón clemente:
el porvenir, que sin temor aguardo,
¡borrará tu recuerdo de mi mente!

Olvídame también: ahora te envío
tu retrato, tus cartas y tus flores:
hazte mujer de corazón vacío,
engaña sin piedad, y finge amores.

Y ríe sin cesar; el mundo es necio,
se paga de lo externo y no se abate,
y merece mirarlo con desprecio,
aunque hiera a mansalva, escupa y... mate.

Sé feliz... entretanto... ¡adiós! Te espera
una senda de luz: ama y olvida...
¡Ah! ¿Qué fue nuestro amor? ¿Una quimera
como todas las cosas de la vida?

¡IMPOSIBLE!

No es la súplica humilde la que llega
a tus áureos altares a postrarse;
no lo pienses jamás: mi alma no ruega,
ni ha sabido, al mar, arrodillarse.

No en mi canto hallarás quejas, lamentos,
perfume de heliotropo, ni alegrías;
¡yo encadeno de amor todos los vientos,
y son luchas titánicas las mías!

Es soberbia explosión de inmensos soles

la que alumbra mi espíritu radiante:
¡se ha bañado en los claros arreboles
de otro cielo de luz mi alma gigante!

Yo persigo un ideal que nunca alcanzo;
una estrella lejana me fascina;
¡en los mares de gloria yo me lanzo
sin saber qué piloto me encamina!

De mi cerebro enloquecido, ardiente,
brota encendido el verbo de la idea:
¡y mi alma es una estrella que, esplendente,
en un cielo sin nubes, centellea!

Me he asomado a los bordes del abismo,
y mi espíritu audaz no se ha crispado:
busco aliento en la lid, y el paroxismo
del pesar infinito me ha alentado.

En mis noches de insomnio y de tristeza
me ha incendiado la fiebre del delirio,
y un reguero de lumbre en la cabeza
me ha dejado la virgen del martirio.

Y triste y solo, pero siempre altivo,
sé vencer los anhelos de mi alma:
¡yo sé que lejos de tus ojos vivo,
como lejos del sol crece la palma!

Las rudas tempestades de la vida
no me causan pavor, y no te invoco;
¡qué me importa la burla encarnecida
y que digan los necios que estoy loco!

Si yo en pos de otra luz viajo en mi sombra
y el destello de otro astro me encamina,
si este sueño extrahumano que me asombra
en mis negros dolores me ilumina...

¡Oh, déjame vivir! Me atrae el abismo
con sus sombras, sus criptas, sus horrores:
¡yo te amara, mujer, con fanatismo,
si en tu pecho sintieras mis amores!

¡Imposible! Mi súplica no llega
a tus áureos altares a postrarse,
no lo pienses jamás: ¡mi alma no ruega,
ni ha sabido, al mar, arrodillarse!

¿QUÉ SENTIMOS?

¿Qué sentimos los dos cuando volvimos
a vernos otra vez? ¿Por qué callamos?
¿Cómo en tiempos pasados no sentimos?
¿Cómo en tiempos pasados no pensamos?

¿Acaso para el alma nos morimos?
¿Acaso un porvenir bello esperamos?
¿Un amor tan ridículo mentimos,
o un cariño del cielo nos guardamos?

Contéstame, mujer, yo quiero oírte;
contéstame, mujer, quiero mirarte,
quiero hablarte verdad, quiero mentirte:

Si me amas como yo... voy a adorarte,
si me amas sin amor, voy a decirte
que ahogando el corazón voy a olvidarte.

JUAN RAMÓN MOLINA

JUAN RAMÓN MOLINA

Nació en Comayagüela en 1875. Hijo de don Federico Molina y de doña Juana de Molina.

Comenzó sus estudios en Tegucigalpa, y en 1888 se dirigió a Guatemala, donde se graduó en Ciencias y Letras.

Permaneció algún tiempo en Quezaltenango, donde fue redactor de El Bien Público.

Volvió en seguida a Guatemala a seguir sus estudios de Derecho, los que luego dejó para regresar a Honduras.

En este país fue durante algún tiempo Subsecretario de Estado en el Despacho de Fomento. Después que renunció este cargo, fundó el periódico El Cronista.

Fue Director del Diario de Honduras, periódico en que se fundieron El Cronista y El Diario.

Es considerado el poeta más importante en la historia de Honduras, al punto que el Premio Nobel de Literatura guatemalteco, Miguel Ángel Asturias, lo llamó "el alma gemela de Rubén Darío".

Falleció en Alculhuaca, en una cantina llamada Estados Unidos, por intoxicación etílica y de morfina. Fue el lunes 2 de noviembre de 1908, a los 33 años.

UNA MUERTA

A la amada memoria de doña Dolores Hinestroza, en el día de difuntos, hoy que, en el glorioso Paraíso, goza de la paz y luz eternas, en la pléyade de los bienaventurados, junto con sus hermanas en el amor y en el dolor. SICUT ERAT IN PRINCIPIO, ET SEMPER, ET IN SCECULA SCECULORUM. AMEN.

MCMV.

Señor: tú la llamaste
y ella voló a tu lado,
dejándome en la tierra.
¿Mi espíritu has mirado?

No es jardín —florecido
de azules ilusiones—
sino que inmunda cueva
de arañas, escorpiones
y víboras. Un pozo,
de horror y de amargura,
en que está con cadena
la trágica locura.

La copa de mi vida,
donde escanciaba mieles,
llena está hasta los bordes
de ponzoñosas hieles,
más álgidas que aquella
bebida ignominiosa,
que recoció tu lengua
en la cruz afrentosa.
No bañaron mis lágrimas
sus gélidos despojos,
porque cegó la angustia
los cauces de mis ojos;

pero —como una vena
por la cuchilla rota—
mi corazón sangraba
sin tregua, gota a gota,

cual tu divina frente,
en el pavor del huerto,
sobre los restos fríos
de todo un mundo muerto.

Mas aquel dolor hondo,
siniestramente mudo,
estranguló mi cuello
con serpentino nudo;

dejó en mi faz adusta
su corrosiva huella;
amontonó una noche
glacial sobre mi estrella;

azuzó mis pasiones
más terribles e insanas,
y pobló mi cabeza
de prematuras canas.

Tú —que de todo miras
el anverso y reverso—
que regulas la máquina
que mueve el universo,
que sabes, omnisciente
y enorme taumaturgo,
por qué el dragón se arrastra,
por qué vuela el simurgo;

por qué el sonido ondula,
por qué la chispa quema,
por qué el retoño nace,
por qué fulge la gema;

por qué se hermanan siempre,
en un igual destino,
la leche con el llanto
y el agua con el vino,

dime: si fue en la tierra
también tu preferida,
¿por qué la flor segaste
de su apacible vida,

dejando que un enjambre
de lívidos gusanos,
hirviera en sus mejillas,
sus senos y sus manos?

Su cabellera undívaga
fue una noche fragante;
su frente, como el arco
de la luna menguante.

Dos iris tenebrosos
fueron sus grandes cejas;
dos albos y odoríferos
jazmines sus orejas.

Sus pestañas, segmentos
del óvalo radiado,
que exorna las imágenes
en el vitral sagrado.

Su mirada, solemne
tristeza vespertina;
sus párpados, dos hostias
de inmaculada harina.

Los orbes de sus ojos
ópalos tornasoles,
como amatistas trémulas

en un fondo de soles.

Su nariz, noble y firme,
como una intención buena;
su mejilla —de cera
mística— luna llena.

Su boca, para mi alma
sedienta de ternura,
un pozo de aguas vivas
de perennal frescura.

Su cuello —que tenía
la candidez del cirio
y del lino litúrgico—
como un excelso lirio.

Sus senos eran como
manzanas odorosas,
cual racimos opimos
de viñas deleitosas.

Sus manos, hechas para
cortar en los jardines
cerúleos rosas áureas
y argentinos jazmines.

En su regazo pudo
reclinar su cabeza
un dios, agonizante
de amor y de tristeza;

y, como el del arcángel
de las anunciaciones,
era su pie de jaspe.
Los buenos corazones

amaban su modestia
y su gentil donaire,

que ungían de perfumes
los átomos del aire.

Bajo los dedos gráciles
de su impecable mano,
hondamente quejábase
el corazón del piano;

y, en la oquedad sonora
de su violín de plata,
oyóse de los silfos
la flébil serenata:

tal fué la dulce virgen
cuando acordó el destino
ponerla —bajo un sauce
doliente— en mi camino.

Era entonces mi espíritu
un manantial exhausto,
más secular que el lóbrego
espíritu de Fausto,

donde trazó sus cálculos
glaciales la experiencia
y cayó la simiente
del árbol de la ciencia,

que cultivan los hombres
con férvidos afanes,
para que lo cosechen
irónicos satanes,

prestos a urdir las redes
de las primeras citas,
donde se rinden siempre
las pobres Margaritas

(Queríanme los impuros
pecados capitales,
y odiábanme las vírgenes
virtudes teologales).

Había explorado todas
las altas latitudes
del pensamiento: leído
biblias y talmudes;

meditado en las muertas
necrópolis sombrías,
de las leyendas magnas
y las filosofías:

investigando ciencias
y oscuras nigromancias,
que esconden de las cosas
y seres las substancias;

consumido, en estudiosos
y locos devaneos,
nervios y sensaciones,
sentidos y deseos,

hasta tener, enfermo
de un incurable hastío,
encima, un cielo mudo,
quimérico y vacío,

y en mi conciencia, a rumbos
ignotos impelida,
horror por la natura
y espanto por la vida.

Pero ella puso en mi alma
el candor primitivo
de las revelaciones
celestes. Un olivo

plantó entre las arcillas
estériles de mi era:
una vid y una espiga,
un laurel y una higuera.

Agua ofreció a mis labios,
marchitos y sedientos;
vertió sobre mis llagas
milagrosos ungüentos;

y ahuyentó de mi paso
con dulces oraciones,
todos los cancerberos
y todos los dragones.

(Más tú, Señor, dijiste
al ángel de su guarda:
ve por ella a la tierra,
hace tiempo que tarda.)

El ángel bajó al punto
del luminoso cielo,
a través de los éteres
pristinos. Plegó el vuelo

junto al fúnebre tálamo
de la estancia sombría,
y al ver su exangüe cuerpo,
su angustiosa agonía,

lloró —con sus dos alas
cubriendo su cabeza—...
¡Era un himno grandioso
la gran naturaleza!

Llenaba los azures,
límpidos y jocundos,
la música solemne
de los enormes mundos,

rodando eternamente.
Los atrevidos montes
empinábanse sobre
los vastos horizontes.

Del fondo de los mares
—dorados por el día
naciente— de las aguas
el diálogo subía.

Los bosques derramaban,
mecidos por los vientos,
el rumor de una orquesta
de acordes instrumentos:

todo era himnos y júbilos,
batir de olas y de alas,
derroche de esplendores,
de pampas y de galas,

de voces y de trinos,
de besos y murmullos,
en piélagos y gotas,
en selvas y capullos,

como si su cadáver,
del más puro alabastro,
tendido no estuviera.
¿Por qué no murió un astro?

Señor: nunca discuto
tu voluntad,
porque eres padre y dueño de cosas,
espíritus y seres:
desde el funesto rayo
que en las nubes se fragua,
hasta los pululantes
infusorios del agua;

desde los leviathanes
de máximas aletas,
hasta los gigantescos
y lúgubres cometas;

desde el numen osado
que explora lo absoluto,
hasta el instinto vago
que germina en el bruto.

Por eso —al ser herido
de aquel dolor supremo—
no apacenté, insensato
las iras del blasfemo

sino que —de mi dicha
mirando los escombros—
cargué con ellos sobre
mis fatigados hombros,

pidiendo, por su triste
recuerdo enloquecido,
a cada vaso un poco
de bienhechor olvido;

consuelo, en las lecturas
con llanto y sangre escritas,
y sueño, en el consumo
de pócimas malditas.

De noche, cuando el ábside
del cielo se entenebre,
mis ojos, encendidos
por una lenta fiebre,
a través de un enjambre
lumínico de estrellas,
siguieron por las nébulas
el rumbo de sus huellas,

cual, en los copos sueltos
de una viajera nube,
el vuelo se presiente
de un errante querube,

que escruta —entre sus torres,
murallas y vergeles—
la vida de las viejas
Sodomas y Babeles.

¿En dónde se detuvo
cuando dejó el planeta,
en éxodo sublime
a la celeste meta?

¿En qué mundo de dicha
o en qué luna de duelo,
plegó, por un instante,
el fugitivo vuelo,

cruzando la vorágine
de las inmensidades,
meciéndose a los soplos
de las eternidades,

vestida con su túnica
de luctuosos crespones,
recamada del polvo
de las constelaciones,

trazando centellantes
y rápidos circuitos,
sobre el haz de los vastos
y mudos infinitos,
mientras la horrible tierra
confusamente huía,
en el lúgubre vértigo
de la noche sombría?

Cuando llegar la vieron
los celestiales coros,
los ángeles chocaron
sus escudos sonoros.

El escuadrón de rubios
y ardientes serafines,
tocó una alegre diana
en sus luengos clarines.

Fue a su encuentro la tropa
de las dominaciones,
con espadas de fuego
y auríferos pendones.

Ahora vive en el reino
de la inmutable calma;
en su derecha luce
la milagrosa palma

de los martirologios.
Fulgura eternamente
una estrella bendita
sobre tu casta frente;

y apoya, en una nube
de polvo diamantino,
su planta, en el extático
ejército divino.

¡Señor! ¡Señor! ¿acaso
la miraré algún día,
en el triunfo de alguna
celeste epifanía?
¿Iré, purificado,
a postrarme de hinojos,
ante el amor mirífico
que emana de sus ojos,

y juntos giraremos,
unánimes como alas,
en órbitas de espíritus,
de escalas en escalas,

hasta ser absorbidos
en la divina hoguera
del Espíritu Santo?
Ansiosamente espera

mi corazón, que llegue
ese glorioso instante
en el eterno círculo
del inmortal cuadrante!

SEGUNDO ANIVERSARIO

En vida te amé siempre, tú bien
lo sabías, callada, hondamente; amé
tu fino cuerpo, tu pálido óvalo, tus
negros ojos, tus cabellos; a ti toda.
GOETHE

En junio fue —bien lo recuerdo- en junio,
y en esta fecha, trágica y fatal,
en esta fecha, de funesto signo,
que nunca, nunca lograré olvidar;
porque en mis noches tétricas de insomnio,
—en mis noches de insomnio pertinaz—
esa fecha revive en mi memoria,
que aletargara el opio del pesar.

Porque en mis noches tétricas de insomnio,
pienso en la dulce amada que se fue
a plegar sus dos alas arcangélicas
en un radioso, ultraterrestre edén.
Pienso en la amada que partió a los astros,
que nunca más mis ojos han de ver,

y que —en mi copa emponzoñada— puso
una mezcla de lágrimas y miel.

En junio fue —bien lo recuerdo— en junio,
y en esta fecha inolvidable, sí.
El ángel de la muerte esa mañana
logró en su cuarto penetrar por fin.
Logró en su cuarto penetrar el ángel
sombríamente encantador. Le vi
fijos los ojos en los ojos de ella,
próximos a apagarse y a morir.
¡Ah, tus inmensos ojos! ¡Ah, tus ojos,
llenos de celestial resignación!
¡Ah, tus ojos agónicos y ardientes,
irradiando un divino resplandor!
¡Tus tristísimos ojos desolados
como dos plenilunios, como dos
plenilunios vertiendo sus congojas
sobre una extraña y gélida región!

Mi alma salió temblando de su cárcel
a combatir al ángel funeral,
mas fue vencida en el terrible duelo,
en aquel duelo, lúgubre y tenaz,
que trabaron —a todos invisibles—
junto a la dulce moribunda, cual
si fuesen dos demonios enemigos
batiéndose en el reino de Satán.

Entre los cirios lacrimosos, bella
yacías en tu casta flacidez
con las manos en cruz sobre tu seno
modelado en la copa de Thulé;
sobre tu seno —donde tantas veces
puse, afligido, la convulsa sien—
cuando mi corazón manaba sangre
y era mi boca crátera de hiel.

La noche lentamente envejecía.
Sentado en la mortuoria habitación,
mudo, como la boca de un abismo,
me sumergí en la fiebre del dolor;
en tanto que la noche envejecía
sobre el planeta miserable, y yo
le preguntaba al cielo indiferente
en dónde estaba la piedad de Dios.

Una lámpara humilde sus reflejos
fantásticos trazaba en la pared,
y un aire —con olor de sepultura,
de pócimas y ramas de ciprés—
frío, cual si viniese de algún páramo,
o de la anciana luna de Astarté,
o de las negras olas de la Estigia,
como una espada penetró en mi ser.

¡Caía de las cósmicas alturas,
de la radiante faja zodiacal,
sobre el espanto mudo de mi espíritu,
una solemne irradiación de paz,
en tanto que la noche envejecía,
—noche de junio, lúgubre y fatal—
poblada de delirios infernales,
que nunca, nunca lograré olvidar!

SALUTACIÓN A LOS POETAS BRASILEROS

Para Fabio Luz y Elysio de Carvalho

Con una gran fanfarria de roncos olifantes,
con versos que imitasen un trote de elefantes
en una vasta selva de la India ecuatorial,
quisiera saludaros —hermanos en el duelo—
en las exploraciones por la tierra y el cielo,
en el martirologio de los circos del mal.

¡Mi Pegaso conoce los azules espacios.
Su cola es un cometa, sus ojos son topacios,
el rubio Apolo y Marte cabalgarían en él:
relinchará en los céspedes de vuestro bosque umbrío,
se abrevará en las aguas de vuestro sacro río
y dormirá a la sombra de vuestro gran laurel!

Venir pude en la concha de Venus Citerea,
sobre el áspero lomo del León de Nemea,
en el ave de Júpiter o en un fiero dragón;
en la camella blanca de una reina de Oriente,
en el cuerpo ondulante de una alada serpiente,
a bordo de la lírica galera de Jasón.

O en la fornida espalda de un genio misterioso,
o envuelto en la vorágine de un viento proceloso,
o de una negra nube en el glacial capuz;
en la marea argentina de una luna de mayo,
asido del relámpago flamígero de un rayo
o con los duendes gárrulos que juegan en la luz.

Mas en Pegaso vine desde remotos climas,
—señor, príncipe, rey o emperador de rimas—
sobre el confuso trueno del piélago febril:
¡Salve al coro de Anfiones de estas tierras fragantes!
¡A todos los Orfeos del país de los diamantes!
¡A todos los que pulsan su lira en el Brasil!

Tal digo, hermanos míos en la prosapia ibérica.
Saludemos la gloria futura de la América.
que todas las espigas se junten en un haz.
¡Unamos nuestras liras y nuestros corazones,
que ha llegado el crepúsculo de las anunciaciones,
para que baje el ángel de la celeste paz!

Augurio de ese día se ve en el horizonte.
Hoy tres aves volaron desde un florido monte;
yo las miré perderse en el naciente albor:
un cóndor —que es el símbolo de la fuerza bravía—

un búho —que es el símbolo de la sabiduría—
y una paloma cándida —símbolo del amor—.

Dijo el cóndor, gritando: la unión da la victoria,
el búho, en un silbido: el saber da la gloria,
la paloma, en su arrullo: el amor da la fe.
Yo —que escruto el enigma de nuestro gran destino—
ante el casual augurio del cielo matutino,
siguiendo a los tres pájaros en éxtasis quedé.

Pero Pegaso aguarda. Sobre su fuerte lomo
gallardamente salto en un instante, como
el Cid sobre Babieca. Me voy hacia el azur.
¿Acaso os interesa mi suerte misteriosa?
¡Buscadme en mi magnifico palacio de la Osa
o en mi torre de oro, junto a la Cruz del Sur!

AUTOBIOGRAFÍA

Nací en el fondo azul de las montañas
hondureñas. Detesto las ciudades,
y más me gusta un grupo de cabañas
perdido en las remotas soledades.

Soy un salvaje, huraño y silencioso
a quien la urbana disciplina enerva,
y vivo —como el león y como el oso
prisionero— soñando en la caverna.

Fue mi niñez como un jardín risueño,
donde —a los goces de mi edad esquivo—
presa ya de la fiebre del ensueño,
vagué dolientemente pensativo.

sordo a la clamorosa gritería
de muchos compañeros olvidados,
que fue segando sin piedad la fría
hoz implacable de los negros hados.

¡Todos cayeron en la fosa oscura!
Fue para ellos la vida un triste dolo,
y —el corazón preñado de amargura—
me vi de pronto inmensamente solo.

¿Qué se hizo aquel cuya gentil cabeza
era de sol? ¿El jovencito hercúleo
que burlara en la lucha mi destreza?
¿El dulce efebo de mirar cerúleo?

¿El que bajaba el más lejano nido?
¿El más alegre y mentiroso? ¿El zafio?
¡Para los tristes escribió el olvido,
en el nómade viento, un epitafio...!
¡Hada buena la muerte fue para ellos!
No conocieron el dolor. La adusta
vejez no echó ceniza en sus cabellos
ni doblegó su juventud robusta!

Desde mi infancia fui meditabundo,
triste de muerte. La melancolía
fue mi mejor querida en este mundo
pequeño, y sigue siendo todavía.

Sentí en el alma un natural deseo
de cantar. A la orilla del camino,
hallé una lira —no cual la de Orfeo—
y obedezco el mandato del destino,

tan ciegamente, que mañana —cuando,
tránsfuga de la vida, me deserte—
quizás celebre madrigalizando
mis tristes desposorios con la muerte.

No he sido un hombre bueno. Ni tampoco
malo. Hay en mí una dualidad extraña:
tengo mucho de cuerdo, algo de loco,
mucho de abismo y algo de montaña.

Para unos soy monstruosamente vano;
para otros muy humilde y muy sincero:
al viejo Job le hubiera dicho —Hermano:
dame tus llagas y tu estercolero.

Una existencia asaz contradictoria
de placer y dolor, de odio y de arrullo,
ha agitado mi ser: tal es la historia
de mi sinceridad y de mi orgullo.

Goces mortales y terribles duelos,
toda ventura y toda desventura,
exploraciones por remotos cielos,
enorme hacinamiento de lectura;

despilfarro de vida sensitiva,
abuso de nepentes; los cilicios
mentales; l´alma como carne viva,
la posesión de prematuros vicios;

las miserias del medio; ansias de gloria
que llega tarde; estar organizado
para la lucha y para la victoria,
y ser, a pesar de eso, un fracasado.

¡Todo conspira a hacer horriblemente
triste al que asciende las mentales cumbres
y a que cruce —con rostro indiferente
o huraño— entre las vanas muchedumbres!

¡Ah, mi primera juventud! La cierta,
la única juventud, la que es divina!
"Lejos quedó la pobre loba, muerta"
asesinada por mi jabalina.
Al mirarme al espejo ¡cuán cambiado
estoy! No me conozco ni yo mismo;
tengo en los ojos, de mirar cansado,
algo de miedo del que ve un abismo.

Tengo en la frente la indecible huella
de aquel que ha visto, con la fe perdida,
palidecer y declinar su estrella
en los arcanos cielos de la vida.

Tengo en los labios tímidos —en esos
labios que fueron una rosa pura—
la señal dolorosa de mil besos
dados y recibidos con locura

en dulce cita o en innoble orgia
cuando, al empuje de ímpetus fatales,
busqué siempre la honrosa compañía
de los siete pecados capitales;

y era mi juventud, en su desgaire,
como un corcel de planta vencedora,
que se lanzaba a devorar el aire,
relinchando de júbilo a la aurora.

Tengo en todo mi ser, donde me obliga
algo a callar mi doloroso grito,
una inmensa fatiga: la fatiga
del peso abrumador del infinito.
La gran angustia, el espantoso duelo,
de haber nacido, por destino arcano,
para volar sin tregua en todo
y recorrer sin rumbo todo océano.

Para sufrir el mal eternamente
del ensueño; y así, meditabundo,
vivir con las pupilas fijamente
clavadas en el corazón del mundo;

en el misterio del amor sublime,
en la oculta tristeza de las cosas,
en todo lo que calla o lo que gime,
en los hombres, las bestias y las rosas;

y dar a los demás mi risa o llanto
la misma sangre de mis venas, todo,
en la copa mirífica del canto,
hecha de gemas, de marfil o lodo;

y no dejar para mis labios nada;
y vivir, con el pecho dolorido,
para ver que, al final de la jornada,
mi sepultura cavará el olvido.

Hoy, que llegué a la cumbre de los años,
ante la ruta que a mis pies se extiende,
pongo los ojos, de terror, huraños;
mas exclama una voz: ¡sigue y asciende!

Mas ¿para qué, Señor? ¡Estoy enfermo!
¡Me consume el demonio del hastío!
¡Toda la tierra para mí es un yermo
donde me muero de cansancio y frío!

He abrevado mis ansias de sapiencia
en toda fuente venenosa o pura,
en los amargos pozos de la ciencia
y en el raudal de la literatura.

DESPUÉS QUE MUERA

Tal vez moriré joven... Los amigos y
me vestirán de negro,
y entre dolientes y llorosos cirios
de pálidos reflejos,
colocarán con cuidadosas manos
mi ya rígido cuerpo,
poniendo mi cabeza entre la almohada,
mis manos sobre el pecho.

Una lágrima fría, más amarga
que una gota de ajenjo,
correrá de mis párpados inmóviles
mi rostro humedeciendo,
hasta perderse entre mis labios lívidos,
entre mis labios yertos
contraídos por mi última sonrisa,
mi sonrisa de muerto.

En la vecina y bulliciosa estancia
mis amigos bebiendo,
con juvenil franqueza y desenfado
harán de mi recuerdos:
—Fue un soñador. —¡Qué lástima! —¡Tan joven!
—¡Parece mentira esto!
—Ayer no más hablaba con nosotros
de amores y de versos.

Ya colocado entre la estrecha cárcel
del ataúd modesto,
la tapa clavará con su martillo
un rudo carpintero.

Después, los seis amigos que me quieran
con más íntimo afecto,
me llevarán sobre sus fuertes hombros
al triste cementerio.
En una huesa lúgubre y profunda,
en un hoyo siniestro,
colocarán, para arrojarle tierra,
el imponente féretro.
Enterrado seré.... La comitiva,
"descanse en paz", diciendo,
me dejará, me dejará muy solo,
en brazos del misterio.

Los días correrán, y lentamente,
se han de podrir mis miembros,
y he de ser, por la ley de la materia,

un puñado de cieno.
Mas, entre esos despojos miserables,
entre ese lodo infecto,
germinará, ¡oh vida de mi muerte,
mi amor albo y eterno!

No llenará la cuenca de mi cráneo
la masa del cerebro,
para mandarte al mundo donde vivas
dichosa un pensamiento:
ni el corazón palpitará como antes
en mi podrido pecho.
para quererte con amor mundano
de la tumba en el seno.

Pero cada molécula, cada átomo
de mis informes restos,
y cada ser que la existencia deba
a mi ser descompuesto,
ha de llevar en su interior un poco
de este inmortal afecto,
algo que te recuerde entre los vivos
al olvidado muerto.

Verás una sombría mariposa,
en las noches de invierno,
entrar por las ventanas de tu alcoba
a esconderse en tu lecho,
revoloteando allí... Seré yo mismo,
convertido en insecto,
que llegaré del viejo camposanto
a cubrirte de besos.

Y si vaga tu espíritu en los limbos
del éxtasis supremo,
oirás entre las sombras de tu estancia
armonioso aleteo
seráfico rumor... Será mi alma
que, desde el alto cielo,

llega al triste planeta de los hombres
para velar tu sueño.

Después, cuanto tú mueras, una noche
de calma y de silencio,
arrojaré con las huesosas manos
la tierra de mi féretro;
y a la luz de un doliente plenilunio,
contemplarán los muertos,
con los brazos en cruz y de rodillas,
orando un esqueleto!

LA FOSA OLVIDADA

Iba el féretro muy solo
por una calle desierta,
sin que nadie, ni un amigo,
ni un extraño lo siguiera.
—¿Quién es? Ninguno lo sabe,
ni los mismos que lo llevan;
algún oscuro extranjero
que vino de extrañas tierras.

Amigo —le dije—es triste
que así los hombres se mueran,
es nuestro hermano, sigámosle:
la caridad nada cuesta.

El cielo estaba nublado
amenazando tormenta,
y en nuestra ropa caían
algunas gotas dispersas.
Tras el ataúd nos fuimos
callados por la tristeza,
y pronto, del cementerio,
atravesamos la puerta.

En un rincón olvidado
en medio de las malezas
abrieron la sepultura,
echaron la caja negra,
arrojándole de prisa
las paletadas de tierra.

¿Quién descansa en esa fosa
que cubren malignas yerbas?
No tiene una humilde lápida
donde su nombre se lea;
nadie responde quién duerme
allí; ninguno le lleva,
con el semblante contrito,
una guirnalda modesta.

¡Cuántas veces, cuántas veces
voy a la olvidada huesa,
que en el viejo camposanto,
ante mis ojos abrieron,
a meditar largo tiempo
sentándome en una piedra,
en el oscuro extranjero
que vino de extrañas tierras
y que se pudre olvidado
bajo un montón de malezas!.

NOSTALGIA

¡Oh bosques silenciosos y salvajes
en los que armado de la elástica honda,
seguido de mis locos compañeros
penetré audaz, y de la fresca copa
de los árboles hice con mi tiro
caer a las selváticas palomas,
entre aleteos raudos y convulsos
y una explosión de plumas y de hojas!

¡Oh patrio río a cuya margen húmeda
crecen las ceibas y los lirios brotan,
que vi correr mientras tendido estaba
sobre el áspero dorso de una roca;
o, que, incansable y sin temor partía
nadando de una orilla hasta la otra,
en tanto que la turba de los niños
gritos lanzaba en la revuelta poza!

¡Inmensos llanos de fragante grama
que un sol canicular tuesta y agosta,
donde pasé, cogiendo florecillas,
dulces instantes de mi infancia loca!
¡Monte florido que a su falda agreste,
atada con las lianas trepadoras,
se alza una cruz, en la que puse un día
ramos de pino y rústicas coronas!

¡Humilde cementerio donde yacen
bajo modestas y olvidadas fosas,
muchos que me quisieron en un tiempo
y que olvidó hace tiempo mi memoria:
seres queridos que sin penas duermen
de los árboles viejos a la sombra,
sin que una mano adorne sus sepulcros
que la lluvia y los vientos desmoronan!

¡Hogar, pequeño hogar de mis abuelos
donde en modesta y reducida alcoba,
abrí los ojos a la luz del día
y el pulmón a las auras bienhechoras;
donde me espera con amantes brazos
para estrecharme delirante y loca,
la noble madre que me dio la suerte
para consuelo de mi vida toda!

De vosotros, boscajes silenciosos,
llanos que el sol canicular agosta,

monte aromado y turbulento río,
yo tengo la nostalgia abrumadora.
¡Quiera Dios que en los brazos de mi madre
muera al fin, y me entierren en la fosa
que abran bajo los pinos hondureños
en las entrañas de una enorme roca!

LA CALAVERA DEL LOCO

Le cortaron la cabeza
a un desventurado loco
que de un mal desconocido
se murió en el manicomio,
y arrojáronla al jardín
donde, a la hora del bochorno,
él hablaba con las rosas
y con los claveles rojos,
o con aire de sonámbulo
recitaba sus monólogos.
Cayéronse los cabellos
con los músculos del rostro,
y se comieron las aves
a picotazos los ojos;
coció el sol dentro del cráneo
como si fuera en un horno,
el cerebro, y en gusanos
fatídicos y horrorosos
transformose aquella masa
de células y de fósforo.

Después, cuando el jardinero
del jardín del manicomio
sacudió la calavera
entre sus dedos callosos,
surgieron alborotadas mil mariposas de oro.
Brillaron chispas extrañas
en las cuencas de los ojos
y chocaron, como riéndose,
las mandíbulas del loco.

LOS OJOS DE LOS NIÑOS

Los niños
tienen ojos muy tristes e ingenuos,
que nos hacen pensar hondamente
en todos los tristes misterios,
en todos los graves problemas
de la vida humana, que nadie ha resuelto.

Por eso miramos sus ojos
con un inquietante silencio,
que es una pregunta sobre lo que dicen
cuando están abiertos.

Unos son azules,
como el agua de un lago sereno
o como en las tardes de estío
un pedazo radioso de cielo,
o como una montaña imponente
a lo lejos.
Otros son profundos
y negros,
como algunos pozos
que abren los mineros
taladrando las capas de rocas
a fuerza de hierro, con brazos de hierro.

Los otros son verdes,
cual esos retoños postreros
que brotan los árboles
caídos y viejos,
que cubren parásitas grises,
raros terciopelos,
y que mina la lenta carcoma
del tiempo.
Esos ojos azules, o negros, o verdes,
a la luz abiertos,
valen más para todas las madres
que las gemas de extraños reflejos,
y los cubren, después de sus éxtasis,

de sonoros besos.

Mas dicen los ojos
con un elocuente silencio;
—¡Qué opaco y marchito es el mundo
que nosotros vemos!
¡Felices los hombres que nacen
a la vida ciegos!.

Entonces la Muerte,
que se halla en acecho,
se acerca de pronto a los niños,
que la ven sonriendo,
y cierra de un golpe sus cándidos ojos
con la punta glacial de sus dedos.

EN LA ALTA NOCHE

En la alta noche, cuando el mundo duerme
en completa quietud;
cuando los foscos genios de las sombras,
que aborrecen la luz,
sus membranosas alas de murciélago
abren bajo el capuz,
que encierra este planeta miserable
como un ataúd:
cuando el insomnio irrita nuestros ojos
cargados de sopor;
cuando parece caminar muy lenta
la aguja del reloj:
cuando en el aire de repente dice
nuestro nombre una voz;
cuando nos tienta una invisible mano
causándonos terror:
cuando la sangre a la menor sorpresa
golpea nuestra sien,
y contenemos nuestro aliento tímido
ignorando por qué;

cuando una negra turba de recuerdos
nos hostiga cruel,
y anonadarse sin dolor sentimos
nuestro embotado ser:
cuando la orquesta de los grillos lanza
su chirrido sin fin,
y tras la blanda venda de los párpados
mira el ojo febril
fosfóricos fantasmas y visiones
lentamente surgir
de un abismo confuso y visionario
en enjambre sutil:
he meditado en el amor aciago,
en el amor fatal,
con que ligó nuestras opuestas almas
la ciega adversidad;
en el amor que fue nuestro tormento,
que siempre lo será;
en el amor que tan variable te hizo,
que me hizo tan falaz.

En el amor que me lanzó en los brazos
del pesimismo atroz,
que pensar me hizo que la vida humana
no era más que dolor,
no era más que una pena continuada,
una horrenda expiación,
una terrible burla del destino,
un engaño de Dios...

Han venido después a mi memoria
los sarcasmos de Heine,
las amargas blasfemias de Lord Byron,
en medio del placer;
la infinita tristeza y los dolores
del pálido Musset;
las penas de Leopardi y los sombríos
versos de Beaudelaire.
Entonces he querido anonadarme

sin saber lo que fui,
morirme lentamente, lentamente,
sin gozar ni sufrir;
sin saber cómo vine a este planeta,
cómo me voy al fin;
sin saber si tuve alma o no la tuve,
si viví o no viví.

LOS CUATRO BUEYES

Junto al Parque de Bolívar
se ven cuatro bueyes, cuatro
animales melancólicos,
lamentablemente flacos,

uncidos a dos carretas
grandes, con cajas y fardos,
y con las patas hundidas,
inmóviles, en un charco.

El parque está triste y solo,
muy triste y muy solo, tanto
que semeja una necrópolis
cerrada hace muchos años.

¿Entre los árboles húmedos,
parece que están llorando,
no son nichos los asientos
de piedra, los duros bancos?

Viene un olor de cipreses,
un perfume funerario,
del húmedo Parque viene
un algo de tumba, un algo

de muerto, de los follajes
de ese jardín solitario,
en esta tarde de duelo,
en esta tarde de llanto,

que envuelve en un gran suspiro
a los pobres bueyes flacos,
y al melancólico Parque
que parece un camposanto.
Pasa un transeúnte de prisa
de su paraguas debajo,
y un rapaz —travieso y loco—
también pasa, a grandes saltos;

y una mujer miserable
que regresa del mercado,
y un cartero; y una joven
con un chal azul y blanco,

y una linda señorita,
toda gracia y todo garbo
con música en los tacones
y sonrisas en los labios,

y en los ojos alegría
y un ramillete en las manos.
Mas nadie vuelve los ojos
compasivos a los cuatro
miseros bueyes, que yacen
inmóviles sobre el charco,
uncidos a sus carretas,
llenas de cajas y fardos,
con las pupilas extáticas
en el áspero empedrado,
que han recorrido mil veces
en su doliente calvario,

bajo la lluvia y el viento,
y el grito y el arponazo
de un hombre que tiene menos
alma que sus bueyes flacos,

borrosos en el crepúsculo
que va cayendo de lo alto.
Sueñan los bueyes. La lluvia
moja sus lomos cansados,

y sus testuces que oprime
el yugo, y sus cuernos altos,
y sus orejas que saben
del aguijón de los tábanos.

Sueñan los bueyes. Sus ojos
se reflejan en el charco,
llenos de dulzura, con
las visiones de los campos,
verdes y tibios, a la hora
sugestiva del ocaso,
en que un matiz de violeta
tiñe los bosques y prados,

y los senderos de hojas
y los arroyos y pastos,
y el corral, en donde mugen
con un tono dulce y blando,

llenos los ojos profundos
de toda la paz del campo.
Y, en esta tarde lluviosa,
fijos en el empedrado,

sienten un odio implacable
por su vida de trabajo;
por la ciudad, con sus casas,
llenas de bultos y fardos,

con su rumor de tranvías,
con sus postes telegráficos,
con su trajín y su bulla,
y su mentira y su escándalo.

y el estruendo de sus trenes,
y sus coches charolados,
que no valen lo que vale
la placidez de los campos,

el monólogo del río,
la dulce flauta del pájaro,
el limpio azul de los cielos
y la libertad del prado.

Hermano soy en la pena
miseros bueyes, hermano
de vosotros. Tengo el alma
triste de muerte. Soñando

muero. Soñar es mi culpa
de la vida sobre el charco,
con un existir más dulce,
un mundo más aromático,

Lejos, muy lejos en un
rincón, risueño y arcádico,
donde la naturaleza
dé a mi cerebro descanso,

y me vuelva como un dulce
manantial, alegre y claro,
y mi alma se torne fuerte
y sencilla como el árbol.

Hermano soy en la pena,
míseros bueyes, hermano;
mas es en balde que sueñe
como vosotros. Tirando
siempre estaremos. Vosotros,
de una carreta con fardos,
y yo del orbe sombrío
de mi espíritu fantástico.

LÚGUBRE FANTASÍA

Inviernos fatídicos
y enormes del polo,
donde el escorbuto taladra los huesos
y los navegantes viven como locos;

necrópolis viejas
entre muros rotos,
donde esperan los muertos que suene
el Ángel del Juicio su clarín sonoro;

extraños jardines
de los manicomios,
donde vagan los tristes reclusos
recitando inconexos monólogos;

cruces olvidadas
de maderos toscos,
que señalan lugares de crímenes
y que nadie les pone un adorno;

fríos hospitales,
abiertos a todos,
impregnados de olores de pócimas,
que llenan enfermos de lívidos rostros;

féretros que clavan
martillos monótonos,
mientras lloran los huérfanos niños
con su madre en el cuarto mortuorio;

campos de batalla
donde ronda el odio,
que —en la trágica noche— llenaron
lamentos confusos, ayes angustiosos;
ensenadas pérfidas,
insaciables golfos,
donde el pulpo —esa araña monstruosa y horrible
acecha a los náufragos que ruedan al fondo:

tumbas de tres meses,
pestíferos focos.
en que los gusanos devoran las carnes,
saciándose en ellos con lúgubre encono;

desiertos sin límites,
sin sombras ni pozos,
que han envuelto, al rugir los simunes,
a las caravanas con olas de polvo;

planchas insensibles
de los anatómicos.
donde sufre la autopsia el cadáver
con sonrisa amarga y espantados ojos;

cubiles de fieras,
cubiles hediondos,
en que están hacinados los huesos,
con que juegan los tiernos cachorros;

solitarias ruinas
de tiempos remotos
donde vuelan las aves nictálopes
y las víboras tienen sus hoyos;

ventisqueros trágicos,
pasos alevosos,
donde caen los viajeros de súbito,
al cielo impasible pidiendo socorro:

ciénagas inmóviles,
pantanos verdosos,
donde sueña la fiebre, en su lecho
de nenúfares, algas y lotos:

negros arrecifes
y aleves escollos,
donde han ido a estrellarse las naves,
con la angustia y el pánico a bordo;

minas siberianas,
laberinto y pozos
que han mirado la lenta agonía
de ilustres vencidos en lances heroicos;

almenas malditas,
garfios llenos de óxido,
que exhibieron las mustias cabezas
que decapitaron los alfanges corvos;

patíbulos viles,
banquillos de oprobio,
que empaparon la sangre y las lágrimas
de las inocentes víctimas del odio:

¡Qué capricho lúgubre,
—reflejo simbólico
del dolor humano— pintara un artista,
con la muerte danzando en el fondo!

A LA MEMORIA DE TERESA

En su riente país de rosales y pinos
la vi y la amé. Era pura, era dulce, era bella.
Tenía por miradas dos cielos vespertinos
y un búcaro de mieles por boca la doncella.

Una buena hada quiso juntar nuestros destinos,
mas lo impidió el influjo de mi maligna estrella,
y enderecé a otros climas mis pasos peregrinos,
—nómade taciturno— pensando siempre en ella.

¿Me olvidó? No lo se. Tal vez me olvidaría.
Tal vez la rubia virgen me quiso siempre. Un día
una gélida ráfaga llevola al panteón.

¡Sobre la dura tierra pasó como una sombra!
Ya todos la olvidaron ... ¡Apenas si la nombra
una amarilla lápida que está en mi corazón!

MADRE MELANCOLÍA

A tus exangües pechos, Madre Melancolía,
he de vivir pegado, con secreta amargura,
porque absorví los éteres de la filosofía
y todos los venenos de la literatura.

En vano —fatigada de sed el alma mía—
sueña con una Arcadia de sombra y de verdura,
y con el don sencillo de un odre de agua fría
y un racimo de dátiles y un pan sin levadura.

Todo el dolor antiguo y todo el dolor nuevo
mezclado sutilmente en mi espíritu llevo
con el extracto de una fatal sabiduría.

Conozco ya las almas, las cosas y los seres,
he recorrido mucho las playas de Citeres...
¡Soy tu hijo predilecto, Madre Melancolía!

PARA UN ANCIANO

Tu experiencia no influye sobre la mente mía.
Guarda, anciano, tu libro de inútiles consejos,
y aprende en los volúmenes de mi sabiduría,
enseñanzas sutiles que vienen de muy lejos.

Tu corazón no sabe de la melancolía
de los que —ayer nacidos—, hoy nos miramos viejos,
y tenemos el alma como esa luna fría,
hastiada y pensativa, de pálidos reflejos.

Tu alma es sencilla y crédula como el alma de un niño,
y tienes la pureza del cisne y del armiño

en tu cabello augusto, gloriosamente cano;

tus inviernos son una florida primavera,
mientras en mis abriles el crudo invierno impera....
¡Entre los dos, sin duda, yo soy el más anciano!

RAÚL SALGADO RUBÍ

RAÚL SALGADO RUBÍ

Nació en La Ceiba, Atlántida en 1921, y se suicidó en el Parque Central de Tegucigalpa en 1953. Tenía treinta y dos años.

SENSUALIDAD

Callabas tus recónditos ardores
en un silencio equívoco y profano
silenciaba también tu casta mano
insinuaba por lánguidos temblores

Una visión de fúlgida obsidiana
surgió imprevista en tus radiantes ojos
y un círculo de cárdenos sonrojos
aprisionó tu faz de castellana

Yo te miré desorientada y loca
agonizar en el sensual martirio
y un tenue suspiro fue en tu boca.

Callábamos los dos, y en el misterio
del más profundo y pertinaz silencio
nos sentimos en rojo cautiverio

DEVOCIÓN

Son tus ojos,
dos magníficos luceros,
que en las noches
de mis torvas soledades,
como tiernas luminarias,
como soles encendidos
en mis turbios horizontes,
son tus ojos el arcano
que me alumbra
en las vías ignoradas
penumbradas
por las cruentas decepciones de la vida.
Son tus manos:
dos alas maríficas y buenas,

que en mis noches de arrebato
cuando en pos de muerte y ansia
voy vagando
con tus manos intranquilas
que acarician...y que saben
de las suaves promesas del destino que en momentos
repentinos
van dejando marfilinas,
el milagro de la vida,
los dolores de la muerte
en sus finas languideces
y hondas preces van rezando
tus dos manos argentinas
impregnadas de odoríferos jazmines...

JORGE FEDERICO TRAVIESO

JORGE FEDERICO TRAVIESO

Nació en San Francisco, Atlántida, el 16 de agosto de 1920. Se suicidó en Río de Janeiro, Brasil el 8 de junio de 1953. Estudió Medicina en la Universidad Nacional Autónoma de México (UNAM). "Su trabajo poético oscila entre una limpia transparencia posmodernista y la perceptiva vanguardista hispana", señala el poeta Roberto Sosa en el libro Antología de la poesía amorosa hondureña.

RUEGO SIN CONVICCIÓN

Perdóname,
la tarde
tenía mucho azul para no amarte.

Había tanto verde en los senderos
y era tan pura el agua del riachuelo
que tenía por fuerza que besarte.

Perdóname,
ya no seremos lo que fuimos
los dos aquella tarde.

Tu beso es un silbar de codornices
en el fondo del valle del recuerdo,
y tus ojos tan negros, casi tristes,
serán por siempre en mis nostalgias grises
un amor enterrado que no ha muerto.

¡No tenía derecho de besarte!
pero estaban tan frescas las praderas
y estaban tan floridas las palmeras
y estabas tú tan linda aquella tarde…

PATRIA NOSTALGIA DEL COLOR

¡Ah! no me deis estos cipreses mustios,
estos abetos pálidos y grises,
este sol que rastrea por las hojas
y tirita sin fe sobre los líquenes:

Dadme un pinar, azulidad y flautas,
Dardeando recio por los soles místicos,
Un pinar de esmeralda en que se crucen
Como arco-iris guacamayos indios.

¡Ah! no me deis los nórdicos océanos
Color de plomo al mediodía triste,
Mares de luto en que la niebla arrastra
Su melena de sombra por el límite:

Dadme mi mar, azul como mi cielo,
Blanco de alas, púrpura de picos,
Mis islas verdes, mis espumas albas.
¡Dadme a Honduras, magnífica y terrible...!

SUENA MORAZÁN

Si hay más allá que sea hermoso y bueno
Para tu gran amor atormentado,
Algo como tu ensueño realizado
En la escondida realidad del sueño.

Si hay más allá que tenga cinco estrellas
Bajo tu mando, ¡General osado!,
Y pasees la vista emocionado
Con un solo fulgor prendido a ellas.

Si hay más allá, mi General, espero
Que te adorne el ojal de la solapa
Un escudo con cinco pebeteros

En campo azul, y vivas prisionero,
Para no ver tu desunida patria
En hipnótica torre de luceros.

LA MORAL

Mural escalera por donde los hombres
Suben a ser dioses con sus luces propias,
A veces lejana, que parece poca,
A veces tan cerca que nos vuelve locos.

Es curioso el modo como la recetan
Estos monos sabios que pueblan el mundo,
La aplican por partes, teniendo cuidado
De que sean partes que no los provoquen.
Yo robo en comercios y esquilmo y sofoco,
Y tengo querida que afrenta mi esposa,
Pero en esta casa, mientras sea el hombre,
No quiero que lleves la falda tan corta.

Yo tengo dos hijos que no los conozco,
Ni tocan mi renta ni escuchan mis voces,
Pero nunca tomo.
Oye, Juan Domingo,
¿No te da vergüenza beber como estúpido?
Y así van los hombres castigando gentes
Y esquivando el bulto al castigo propio;
La moral se viene, la moral se marcha,
Reconsiderando, corrigiendo puntos.

Mural escalera por donde los hombres
Llegarán un día por sus luces propias
A gritar es malo y a gritar es bueno
En una voz amplia de miles de voces.

ANTAÑO ERA DULCE

El ancianito cuenta... la barba se le fuga
Del cigarro que expira por llegarla a alcanzar,
Y forjan las palabras untuosas de pintura
Retratos de personas que ya no existen más.

El ancianito cuenta... revive al señor cura,
Pasan sotana, mula, custodia y sacristán,
Gritan semidifuntos en noches de pavura
Y se ajustan las cuentas el ángel y Satán.

El médico no cobra receta ni mixtura,
Piadosas las vecinas, por las calles obscuras,

Reparten a los pobres las caricias y el pan.

El ancianito cuenta... se mira los harapos,
Piensa en la prole hambrienta,
gime en los malos ratos
Y estatuario, sublime, ¡maldice el capital!

DANZA DEL PAVO REAL

Por el azul del cuello pasó como relámpago
Decidido y vehemente el deseo de amar,
Fulgieron en el viento las claras esmeraldas
Sobre la testa bárbara de monarca oriental.

En una marejada de joyas rutilantes
Se echó sobre los hombros el abanico astral,
El ritmo de las selvas, acompasado y lánguido,
Se le enredó en las alas cuando empezó a bailar.

El sol besó los oros colgantes de las barbas,
Los cien ojos sublimes, como cien alabardas
En una sola mano, temblaron al igual.

Fingieron clarinada los pavos reales blancos,
Y la hembra extasiada le revisó los flancos,
Hundiendo en pedrería su pico de cristal.

¿AVENTURA?

Pequeño amor vulgar
Sin miedo y sin rubor,
La noche era un altar
Para misa mayor.

Tu boca un colmenar,
Mi boca un picaflor
Los dos en el solar
Bajo el jazmín en flor.

Tras el solar del río
Corriendo tras el mar,
Tras el mar, el hastío,
Muy lejos, tras el mar...
Fuga de encajes leves,
Nacimiento de lunas,
Mis labios dos bajeles
Partiendo tus espumas.

Pequeño amor vulgar
Noche, luna, rumor,
jazmín y colmenar,
Todo...menos amor.

RECUERDO PERFECTO

Yo dejaré en tu vida la estela de algún verso
que te hiciera una tarde en que pensara en ti,
Y en la desesperanza que te dará el recuerdo
será como en los mares la estela de un delfín.

Yo dejaré en tu vida mi pasión por las rosas,
Por los cielos abiertos y los campos sin fin,
Tú dejarás en mi alma la manera preciosa
De decir esas cosas que me gustan a mí.

Tú me dejarás solo, yo te dejaré sola...
Y los dos seguiremos nuestra ruta a seguir,
Cada amor que florezca nos llevará en su ola
Y cada amor que muera nos volverá a reunir.
Porque fue de la mano de tu bondad que hice
El trozo más amargo que tuve que vivir,
Porque me comprendiste cuando sufrí te quise
Y tú me querrás siempre porque te comprendí.

Porque tú fuiste buena, porque yo te he besado
Como sólo se besan las palmas y el ciclón,
Porque reímos juntos y porque hemos llorado,

Porque los dos tenemos el corazón cansado
Después de amarnos tanto: ¡vivirá nuestro amor!

TÚ

Tu amor se queda lejos y otro amor me florece;
Ella tiene los ojos de un azul que no espera,
Tú los tenías negros.

Ella tiene el cabello como el oro de Honduras,
Glorioso, rubio, ingenuo,
Tú lo tenías negro.

Manos como gardenias;
Tú tenías las manos
Amasadas con luna y aceitunas silvestres.

Ella tiene alegría, tiene canto y deseo,
Tú eras triste y lejana con temblor de silencio.

Tu amor se queda lejos y otro amor me florece;
Paseamos por el parque, reímos y corremos,
Y al regresar a casa, bajo el dolor del mundo
Por la ruta del sueño eres tú la que vuelve.

SOLEDAD

Compañero del alma, compañera
quien quiera que tú seas: siempre estaremos solos
aunque la risa mía tu corazón abriera,
aunque en horas de llanto lloráramos en coro;

Aunque fueras conmigo bajo la primavera
y hallara juntos el estío, y de oro
nos vistiera el otoño y el invierno viniera
trayendo para ambos un ataúd tan sólo;

Aunque tú me quisieras como yo te quisiera
y una vida en recuerdo para los dos hubiera

y entre tú y yo ni el viento pusiera un riel sonoro;

aunque odiáramos juntos de la misma manera
y en amor y en ideales la llama nos uniera
bajo la noche inmensa, ¡Siempre estaremos solos!

¡VIDA! ¡VIDA!

A veces, te confieso.
He deseado escaparme de tu abrazo,
¡Oh, minuto de estúpida fatiga!
Anhelo tonto de cerrar los ojos
Al único horizonte con que cuento.
Sigue, sigue doliendo,
Púnzame en el amor con mil suspiros,
Hiéreme en la pobreza con mil escaparates,
Destrózame el deseo
en tu resta implacable de emociones,
Llévame al puerto blanco
desde donde contemple compañeros
más lejanos que nunca.
Y todavía allí, ¡detén un poco!
Para sorber el último
Dolor que me depares
Y tomar el desquite en una rosa,
En una sinfonía de Beethoven,
O en la gracia sutil de una palmera
Recortada en el gris de un cielo mustio.
¡Vida! ¡Vida! No puedes con mi alma,
Casi me iré debiéndote hermosura.

PLÁTICA INGENUA CON LA MUERTE

Déjame un poco, cuando sea tiempo
Quizá yo mismo bajaré a buscarte
Al jardín que blanquea eternamente
Bajo la luna…
Al fin y al cabo es todo lo que tengo;

Este barco redondo en que me has puesto
Sin que sepa por qué ni para cuándo,
Y si antes de venir estaba muerto:
¿Por qué esperar la vida cuando parto?
¿Sabes que me resulta entretenida
Esta partida de ajedrez que juego
Con el dolor? Ya somos tan amigos
Que ni sonrío cuando estoy ganando
Ni pongo mala cara cuando pierdo.
Además… esas manos que acarician,
Esas palabras dulces, esos besos,
Esas puestas de sol, esa delicia
De los campos… el misterio…
¡Hay tantas cosas bellas, hazme tiempo,
Quiero gozar un poco este relámpago!

TEGUCIGALPA PEQUEÑITA

El valle azul te forma la cuna en que te meces
y el río es el ombligo que nunca te cortaron.
Son ayas las montañas que miran como creces
y Dios vela tras ellas… sus ojos te besaron.

Haciendo los pininos que por tu edad mereces,
te subes a las faldas, chiquilla tras la luna,
y en infantil deliquio que por caer pereces
desprendes los girones de niebla que te acuna.

Proyectos de cemento sepultarán al río,
soñará rascacielos tu nuevo poderío
y has de llorar por lunas forjadas a presión.

Pero serás por siempre la ciudad pequeñita
para los que dejamos en una lucecita
de tus esquinas tristes la primera ilusión.

SINFONÍA DEL ETERNO AMOR

Te quiero suavemente
porque ha de ser así toda la vida,
amor sin deslizar y sin torrente,
arrullo de paloma estremecida
por igual compañera eternamente.

Te quiero dulcemente,
esplendor de esmeralda aparecida
en el ídolo antiguo y refulgente,
que guarda su fulgor en la escondida
ruina verde y tranquila eternamente.

Te quiero para siempre,
sin asomos de nubes encendidas
que tornan en ceniza de repente,
si hay pasión es de mar embravecida
que será mar azul eternamente.

Te quiero así,
de golondrina a cielo,
de catedral a toque de campana,
de gaviota a paisaje marinero,
de cóndor a nevera en la montaña.

Te quiero suavemente
para evitar incendio y despedida,
te quiero dulcemente, te quiero para siempre,
tan sólo para mí, ¡toda la vida!

Llevo la penitencia de tu boca en mi boca;
llevo el cilicio vivo de tus ojos de sombra;
llevo tus manos finas como serpientes locas
tatuadas en el alma.

¡Y eso a ti no te importa!
Ya ves que yo he perdido
¡Perdóname!
Algún día sabrás lo que se siente

una tarde de estío en que se está muy solo
y se alcanza, de pronto, como el cielo,
¡Tu boca!

LA ESPERA INFINITA

Pesa a veces la vida y el hombre desespera.
Pesa el pesar y pesa la dicha que no fue.
La esperanza musita: espera, espera, espera,
y el corazón cansado responde: ¿para qué?
¡Cuando yo sea grande! Oh, frase verde y fresca
que florece en los labios cuando principia abril.
¡Cuando yo sea grande! Espera, espera, espera,
y la niñez se pierde prendida al porvenir.
¡Cuando tenga dinero! ¡Cuando ella me sonría!
¡Cuando lleguen las glorias por caminos de ayer!
¡Cuando tenga el secreto de la muerte y la vida!
¡Cuando Dios me visite tras un atardecer!
Y las cosas que llegan ya no tienen aroma,
el corazón, cansado, pregunta: ¿Para qué?
Espera, espera, espera, la esperanza pregona
y otra vez nos ponemos a esperar y a creer.
Más un día se hiela la canción en la boca,
la esperanza no tiene ni aguijón ni poder.
El amor está lejos, como estrella en derrota,
y Dios está lejano como sol por nacer.
Erguido ante el poniente el corazón enreda
su pregunta de siempre: ¿Para qué?, ¿Para qué?
Y musita la muerte: espera, espera, espera.
¡Y otra vez nos ponemos a esperar y a creer!